网 络 视 听 应 用 型 系 列 教 材

融媒体内容生产与传播

Production and Dissemination of Convergent Media Products

丛芳君 著

U0953519

中国传媒大学出版社
·北 京·

图书在版编目(CIP)数据

融媒体内容生产与传播/丛芳君著.--北京:中国传媒大学出版社，2024.6.（2025.10 重印）

ISBN 978-7-5657-3675-9

Ⅰ. G206.2

中国国家版本馆 CIP 数据核字第 2024KD6430 号

融媒体内容生产与传播

RONGMEITI NEIRONG SHENGCHAN YU CHUANBO

著　　者　丛芳君
责任编辑　于水莲
封面设计　拓美设计
责任印制　李志鹏

出版发行　中国传媒大学出版社
社　　址　北京市朝阳区定福庄东街 1 号　　**邮　　编**　100024
电　　话　86-10-65450528　65450532　　**传　　真**　65779405
网　　址　http://cucp.cuc.edu.cn
经　　销　全国新华书店

印　　刷　唐山玺诚印务有限公司
开　　本　787mm×1092mm　1/16
印　　张　12.5
字　　数　176 千字
版　　次　2024 年 6 月第 1 版
印　　次　2025 年 10 月第 3 次印刷

书　　号　ISBN 978-7-5657-3675-9/G・3675　　**定　　价**　49.80 元

本社法律顾问:北京嘉润律师事务所　郭建平

目　录

第一章　何为融媒体

任何时代“新”的媒体都是融合媒体,且基本上都会对当时已存的传统媒体的功能进行整合。

报纸:从手段上看,报纸融合了文字、图片,构成图文并茂;从内容上看,报纸融合了新闻、评论、广告与文学作品等。

广播:从手段上看,广播融合了文字与声音,构成声情并茂;从内容上看,广播融合了新闻和各类音乐、曲艺作品等。

电视:从手段上看,电视融合了文字、图片、声音和活动影像,构成声画并茂;从内容上看,电视融合了新闻、影视作品、综艺等。

互联网:互联网与生俱来就是一个融合的平台,在内容生产和技术上已经融合了传统媒体的一切手段,在形式上融合了文本、音频、视频和图像等手段,还涵盖了海量的内容和功能,如人们可以通过它进行网络聊天、购物、游戏等。

融媒体是什么?

“融媒体”源自尼古拉斯·尼葛洛庞帝(Nicholas Negroponte)教授提出的“媒体融合”(media convergence)的意涵。他在1979年就提出了“三元交叠”的观点,认为广播与动画业、电脑业以及印刷和出版业是三个相互交叠的源泉,正在不断融合。[①] 他还明确指出，三个圆圈的交叉部分将成为成长最快、创新最多的领域。此后媒介之间的融合趋向开始进入人们的视野。1983 年美国麻省理工学院的伊契尔·索勒·普尔（Ithiel De Sola Pool）在《自由的科技》中最早提出了“传播形态的融合”，指出媒体开始出现一种多元复杂的融合发展趋势。美国密苏里大学新闻学院的艾米·西蒙斯（Amy Simons）副教授认为，媒体融合的实质是聚合，在组织上要调整，在内容生产上要采用多媒体的方式，在技术上要不断革新，最终才能达到融合媒体的产出要求。[②]

在我国，党和国家高度重视新闻宣传事业的发展，大力构筑中国特色社会主义的媒介融合传播生态。习近平总书记指出，党的十八大以来，我们坚持导向为魂、移动为先、内容为王、创新为要，在体制机制、政策措施、流程管理、人才技术等方面加快融合步伐，建立融合传播矩阵，打造融合产品，取得了积极成效。我们要立足形势发展，坚定不移推动媒体深度融合。[③]

新华日报社社长双传学认为，媒体融合发展要内外并举：向外，构建彰显平台型媒体特点的新机制，在资源整合、社会动员、应急管理上发挥更大作用，充分发挥全程媒体的新功能；向内，构建适应融为一体要求的新机制，把考核评价传导到生产一线，形成调度有力、高效协同的全媒体日常生产流程。[④]

张成良、甘险峰在《融媒体语境下“第三媒介时代”媒介形态研究》中指出，融媒体形态实质上是在媒介融合的进程中形成的，是利用网络大数据技术赋能，通过广泛融合不同媒介形态而整合成的新兴媒介总称。它利用技术赋能使万物皆媒，其中大数据技术是连接媒介的核心纽带。它是泛化既往形态，形成以场景为特征、媒介形态为泛化入口的新型媒介形态。[⑤]

---

① 曹漪那，付玉杰.从尼葛洛庞帝“三圆交叠”说看媒介分化[J].西南民族大学学报（人文社科版），2009（12）：223-226.

② 冯结兰.供给侧改革背景下广电媒体非线性融合研究[J].传媒，2021（12）：31.

③ 习近平.加快推动媒体融合发展　构建全媒体传播格局[J].奋斗，2019（6）：1-5.

④ 双传学.坚定不移推动媒体融合向纵深发展[N/OL].人民日报，2020-01-21[2023-11-06].http://js.people.cn/n2/2020/0121/c360298-33734284.html.

⑤ 张成良，甘险峰.融媒体语境下“第三媒介时代”媒介形态研究[J].编辑之友，2018（1）：50-54，60.

2024 年是我国将“媒体融合”上升为国家战略的第十年，我们今天讨论的“融媒体”更多的是在媒体融合概念下业界产生的一种全新样态，在学习融媒体相关知识之前，应该先弄明白何为媒体融合。

综合以上的观点，我们认为，媒体融合是指各种媒体形态的边界逐渐消融，多功能复合型媒体逐渐占据主导地位的一个发展过程和趋势，随着技术的进步和社会的变化，融媒体在我国正逐步成为媒体发展的核心理念和实践方向。

当前，“融媒体”已经成为热词，各级媒体、企事业单位、高校等纷纷大力建设“融媒体中心”，各类热点事件的报道中频繁出现以“大型融媒体报道”为前缀的标题。不同学者对融媒体提出了不同的观点。

丹麦传播学者克劳斯·布鲁恩·延森（Klaus Bruhn Jensen）将当下的时代定义为“数字移动时代”，并认为这一时代是新旧媒介共存的一个张力环境。“数字技术是一种元技术……可以将所有，包括之前的面对面交往和以复制扩散为特征的大众媒介重新整合，并在一个统一的软硬件物理平台上展开。”①

黄旦则认为，我国的融媒体及其生产，是在长期以来推动传统媒体转型的思想指导下开展的，但不能仅仅将其视为一种新的手段或形式，这不能使得融媒体彰显自己的独特性。② 他们都是从技术发展的角度提出了融媒体的概念与特点，从马克思主义哲学的角度出发，生产力决定生产关系是颠扑不破的真理，伴随着传播技术的不断迭新，融媒体技术的出现是其存在的基础。

融媒体作为媒体融合的产物，是一种呈现方式，是一段过程的展现，是一种概念的实践，更偏向于实操层面，并不仅仅停留于学术界，更应放置于实务界进行探讨和学习。在我国的融媒体实践中，必须抓住当下互联网带来的信息产业机遇，实现弯道超车，同时不能故步自封，不能用传统媒体的标准、规则来评判融媒体，必须找到其主体性，跳出传统媒体的范畴来看融媒体。

---

① 延森.媒介融合：网络传播、大众传播和人际传播的三重维度[M].刘君，译.上海：复旦大学出版社，2014.

② 黄旦.试说“融媒体”：历史的视角[J].新闻记者，2019(3)：20-26.

因此，融媒体并不指向单一的媒介形态。一方面，它不仅是互联网与传统媒体的简单叠加，更是移动互联网与各类机构平台相融的结果。在5G、大数据、人工智能、物联网等新兴技术的赋能下，融媒体未来可以实现媒体与万物的协同融合，共同发展。另一方面，融媒体的形态不是一成不变的，而是在社会环境与技术环境的共同影响下不断深化演进的。

因此，我们认为，融媒体的内涵应当从不同层面来考量。从内容产品形式的层面来看，同一主题的融媒体内容产品里可包含文字、图片、音频、视频、H5、VR、AR等多种形式；从传播平台融合的层面来看，它是从传统媒体到数字媒体（移动互联）即广播、电视、报纸、杂志、网络（移动互联网）等多种平台的融合。

本章将从传播平台的融合、传播流程的再造与内容形式的贯通三重维度来阐述融媒体的内涵，探讨融媒体的发展阶段，为读者提供全新的视角和理解。

第一节　传播平台的融合

在传统媒体中，各种传播平台如户外屏幕、报刊、广播、电视等拥有不同的特点和渠道，泾渭分明，但随着媒体融合的发展，这些平台的边界逐渐消融。以往，一家报业集团宣称以“短视频”为特色可能会显得荒谬，但在今天的媒介环境中，我们不能用陈旧的眼光来固化地看待媒体生产机制。传播平台的融合已经广泛普及，传统媒体机构一改以往传播平台单一的局面，已经成为生产多种形式信息产品的融媒体中心，通过多个平台进行信息传播，包括视频、音频、文字、图画等多样的融媒体内容产品。

温怀疆、何光威、史惠主编的《融媒体技术》一书认为，融媒体是全媒体功能、传播手段乃至组织结构等核心要素的结合、汇聚和融合，是信息传输渠道多元化的新兴运作模式。①

在融媒体时代，传播平台的融合是时代发展的必然产物。首先，随着移动

---

① 温怀疆，何光威，史惠．融媒体技术［M］．北京：清华大学出版社，2016.

互联网的出现以及大数据技术的广泛应用,新兴技术推动了传统媒体融合向纵深发展。融媒体形态的演进是技术和媒介进步的产物,是不断在原有媒介的基础上叠加式向前发展的过程。同时,技术的进步和科技的发展使得信息的接收从大屏到小屏、从固定到移动,未来在新兴技术的赋能下,物联网、人工智能、云传播使每一个物体都有可能接收和传播信息,媒体与万物的协同融合将得以实现。其次,随着以互联网为传播平台的新兴媒体的出现,各类受众和用户开始向互联网应用平台迁移,尤其是随着移动互联网的成熟,用户的迁移已达到高峰,传统媒体的内容发布优势减弱,客观上推动了传统媒体的变革,改变了以往的传播关系,并加快了传播平台融合的趋势。

在传统媒体向融媒体发展的过程中,国外首先出现了“平台型媒体”的提法。2014 年 2 月,美国社交媒体网站创始人乔纳森·格里克(Jonathan Glick)在科技新闻媒体 Re/code 上发表了“平台型媒体的崛起”一文,并创造了合成词“Platisher”来描述这一代表未来融合趋势的媒体形式。① 简而言之,平台型媒体指的是“平台”(Platform)和“媒体”(Publisher)的交集部分,是互联网科技平台和媒体的双向融合过程:一方面,平台通过雇佣或资助编辑、作者来生产内容;另一方面,媒体通过开放内容出版平台改变内容生产和消费方式向平台化发展。

在国内学术界,喻国明、焦建、张鑫在“‘平台型媒体’的缘起、理论与操作关键”一文中指出,“平台型媒体”是“互联网+”时代媒体转型融合发展的一个主流模式。② 平台型媒体的操作要点是:打造一个吸引和掌握海量流量的开放平台;构建新型的信息节点及节点集群;政府在其中的角色应从传播机构的管理者转变为社会传播生态的共建者。

综上所述,平台型媒体不同于“全媒体平台”“融媒体平台”等提法,其核心

---

① GLICK J. Rise of the platishers[EB/OL].(2014-02-07)[2023-11-10].http://www.recode.net/2014/2/7/1/623214/rise-of-the-platishers.

② 喻国明,焦建,张鑫.“平台型媒体”的缘起、理论与操作关键[J].中国人民大学学报,2015(6):120-127.

概念很简单，就是汇集各方资源，以互联网用户和数据为核心，通过互联网思维引导媒体转型。因此，平台型媒体在组织形态上不是对传统媒体和新媒体的简单整合，而是更高层面上的对媒体和互联网的整合。

平台型媒体以互联网为主导，对传统媒体进行整合和再造，形成一个开放、共享、共通的媒体平台。融媒体则体现在对报纸、网络、微博、微信、客户端等不同媒体集群的形式整合，充分利用媒介载体，把广播、电视、报纸等各具特色的不同媒体，在人力、内容、宣传等方面进行充分整合，以实现“资源通融、内容兼融、宣传互融、利益共融”的理念。

◆案例："中央厨房""媒体云" 的尝试

在长期的媒体实践中，融媒体传播平台融合的创新案例丰富多样。习近平总书记指出：“推动媒体融合发展……不能搞‘一刀切’、‘一个样’。要形成资源集约、结构合理、差异发展、协同高效的全媒体传播体系。”① 在这个体系下，不论是报纸、广播、电视等传统媒体还是基于互联网的新兴媒体，不论是中央媒体还是地方媒体，不论是专业媒体还是大众自媒体，都应该在保持原有经验的基础上进行创新发展，在国际化、本地化等方面下功夫。

“中央厨房”起先并不适用于传媒行业，其是脱胎于连锁餐饮企业的一个名词，原指连锁餐饮企业集中采购、集约化生产成品或半成品的生产场所，经“中央厨房”生产处理的产品经过物流运送到各处的门店再进行处理或直接配菜，这在极大程度上保障了连锁餐饮企业不同门店售卖产品的同质化，并且大大降低了成本，实现了在保证质量的同时多地销售的需求，如肯德基、麦当劳、西贝莜面村等均使用这种生产方式。

“中央厨房”被引申到媒体行业，已经成为一种内容生产和传播模式，指的是在一个中心位置集中采编内容，然后通过不同渠道发布到多个平台，从而实现多媒体的传播。这种模式可以高效地将内容在不同平台上发布，减少重复劳

---

① 习近平.加快推动媒体融合发展 构建全媒体传播格局[J].奋斗，2019(6)：1-5.

动，提高生产效率。

人民日报社以习近平总书记提出的“融为一体、合而为一”[①]为基本方针启动“中央厨房”的全媒体平台建设，提供多种语言，并向多家媒体平台网站提供稿件，以推动各类资源高效整合，实现媒体在平台、内容、管理等方面的贯通与融合，建立起了“一次采集、多种生成、多元传播”的内容和分发系统。[②] 事实上，大量以全媒体新闻中心、融媒体中心等名称命名的新型媒体机构均沿用了“中央厨房”的生产思路。

但需要注意的是，“中央厨房”的生产模式仍然存在一些问题，盲目上马并不可取。很多的传统媒体并没有建立起“四全媒体”的观念，在选题上仍采用线性标准，缺乏“网感”，不受新媒体用户的欢迎；在采编环节没有事先规划，素材不适用于多个平台，例如电视稿件和报纸稿件之间难以互通；在审核上没有实现标准化作业，最终仍需要人工核对，未能有效提高生产效率；发送时不同平台的差异性没有显示，对于频次和节奏的把握不够。事实证明，“中央厨房”是一个系统性的庞大工程，这种模式需要媒体机构在内部进行一系列的流程重构和技术支持，才能适应不同平台的特点和受众需求。

“媒体云”是一种利用云计算技术为媒体提供服务的新兴媒体应用平台。通过“媒体云”，用户可以分布式地存储和处理多媒体应用数据，减轻了用户对多媒体软件维护和升级的负担。这种模式可以支持多级媒体的联动，实现资源共享和优势互补。

例如，新华社推出了“现场云”工具，通过这个工具，记者可以在采访中实时编辑和生成多种格式的报道，实现新媒体和传统媒体的采编播一体化。江苏省广播电视台打造出了“云·组团·多终端”的新型传播体系，其中以“荔枝云”平台为框架支撑，通过云平台共享采编内容，从选题策划、采编、推送等进行统

---

① 习近平谈媒体融合发展：关键在融为一体、合而为一[EB/OL].(2018-08-22)[2024-03-01].http://cpc.people.com.cn/n1/2018/0822/c164113-30242991.html.

② 叶蓁蓁.人民日报“中央厨房”有什么不一样[J].新闻战线，2017(3)：14-16.

一调度,按不同平台的需求进行分别制播。

总的来说,“中央厨房”和“媒体云”都是传统媒体向融媒体转型的尝试。它们在内容生成、传播方式等方面进行了创新,加强了不同平台间的协同作业,提高了生产效率和内容质量。然而,这些模式还需要各级传统媒体结合各自的实际情况,进行合理的流程规划和技术升级,以保证其有效应用。

第二节　传播流程的再造

融媒体汇聚了多种形态的媒介载体,每种媒介都具有不同的传播方式和流程,在这样的背景下,融媒体传播需要重新构建传播流程和传播方式,以适应多元化的传播需求。

一、全形态传播

在融媒体的生产中,全形态传播和全连接传播已成为传播平台融合的重要推动因素,这一特点推动着媒体融合向更深层次发展。现今的媒体实践中,报纸、期刊、广播、电视、社交媒体等载体通过文字、图片、音频、视频、H5、游戏等多种形式,以全方位、多角度、立体化的方式呈现信息,已成为一股潮流和趋势。

在郭全中看来,媒体要利用全部的技术手段、媒介形态、媒介终端实现立体式的传播,大力利用 AR、VR、MR 等媒介新形态,充分利用互联网、大数据、区块链等新技术,抢占微博、微信、抖音、快手等新终端,最终达到利用任何媒介形态、媒介技术在任何媒介终端上都能看到相对完整的信息。①

随着全形态传播的不断发展,传统媒体之间的边界逐渐消融,传播方式更加多样。如今的融媒体产品融合了文字、图片、音频、视频等多种媒介形式,甚至发展到游戏、H5、VR 等互动性极强的方式。单一感官的传播类型和传播方式

---

① 郭全中.全程全息全员全效媒体创新探析[J].中国出版,2019(4):9-13.

逐渐被淘汰，如以往报纸只能通过文字、图片传递信息，广播仅能通过声音进行播报，现如今，人类已经进入一个运用多模态获取信息的时代，多感官的符号语篇成为我们感受外界事物的关键。

全形态传播的发展趋势推动了媒体融合的深入，不同媒介的融合将更为紧密。这一趋势满足了受众对于多样化、丰富化信息的需求，也使传播更加生动、有趣，具有互动性。全形态传播引领着媒体行业的创新，将持续推动媒体发展进入更加多元和综合的阶段。

二、全连接传播

随着智能手机、平板电脑等智能终端的广泛普及，人类正逐渐进入“赛博时代”，互联网将不同终端连接起来，构建起了一个庞大的信息传播网络。传统的一元主导、强力引导的宣传舆论场格局发生了巨大的变化，已经成为多元参与、柔性制衡的公众舆论场，媒体环境已从单向传播逐渐转变为多向互动的公众舆论场。在全连接传播的过程中，全员媒体成为一种可能。

诞生于2006年的美国新兴的新闻聚合网站“嗡嗡喂”(Buzzfeed)主要利用计算机算法从众多新闻网站和博客中抓取内容，用户可以将有趣内容通过社交媒体进行分享，网站将严肃的新闻语言轻松化。Buzzfeed还与社交巨头强强联合，将大量内容投放在Youtube、Facebook、Snapchat等平台上。在国际上，Google、Facebook、Twitter、Amazon等科技巨头借助技术和平台优势挺进传媒领域，国内的互联网公司腾讯、百度、阿里巴巴、字节跳动、新浪等则已积累了先发优势。

根据第53次《中国互联网络发展状况统计报告》(截至2023年12月统计数据)，我国网民规模已达10.92亿，互联网普及率达77.5%。这个数字表明，“信息高速公路”已经进入我们大多数人的生活中，越来越多的人正在通过这条“高速公路”畅游于信息世界。互联网的普及通过技术赋权，极大地赋予了普通公众发声表达的权利，然而，主流媒体仍然占据重要地位，发挥着核心作用。主流媒体利用自身较强的传播力和品牌影响力，吸引多元主体参与，政府、企业、个人在其客户端上都能建立自己的账号，主流媒体为多元主体提供展示平台，实现全员传播。主流媒体通过全连接传播，不断增强用户黏性，强化协同思维，体现“开门办报”的理念，从而在全员传播中发挥主导作用。我们可以注意到，许多商业平台中也出现了主流媒体的身影，如人民日报、新华社、中央广播电视总台、中国日报等中央媒体以及省市县各级地方媒体等纷纷在微信公众号、新浪微博、百家号、腾讯号、大鱼号等自媒体平台上开设账号，积极拥抱社交媒体。

三、全时空传播

融媒体在生产的过程中，完成了传播流程的再造，其中至关重要的一点就是实现了全时空传播。信息传播在当今已经表现出无所不在、无时不有的特点。融媒体作为一种能够覆盖人与信息交流全过程的媒介，突破了时间和空间的限制，使事件从发生到结束始终处于传播链条中，可以将新闻的时效性发挥到极致。

对于媒体及其从业人员来说，融媒体的信息报道要求进行全流程跟踪、全链条播报，对事件要在第一时间产生新闻敏感，及时捕捉并发布信息，牢牢把握“第一落点”；在中期对于事件进行深度挖掘、探索、解读和拓展，善于进行连续性报道、深度报道和追踪式报道；在事件的末尾进行总结性报道，梳理整体脉络并进行定性分析，对正面事件发挥其积极、正向的引导作用，对负面事件及时总结反思，推动社会向善向好发展。①

在全时空传播中，速度尤为重要。大部分传统媒体已经能够在突发事件发生后半小时内进行现场报道，两小时内发布详细报道，六小时内展开深度报道，并且能够实现以文字、图片、音视频多种方式等融合报道。2022 年“3·21”东航 MU5735 航空器飞行事故事件中，各媒体对飞机失联的信息报道速度非常

① 沈正赋.“四全媒体”框架下新闻生产与传播机制的重构[J].现代传播(中国传媒大学学报)，2019(3):8-14.

快，随后多家主流媒体派出记者前往事发地开展多种形式的直播报道，即便受到交通不便等客观条件的限制，当天仍然实现了现场报道。

全时空传播也体现在对于事件的全程跟踪报道上，尤其在突发性事件的报道中，随着事件发展不断铺开，可以形成立体、全面、真实的全程途径。例如，对于“哀牢山4名科考人员失踪”事件，最早于2021年11月18日，央视新闻客户端发布了《中国地质调查局4人在云南哀牢山失联 仍在搜救中》的快讯，其后随着事件的发展和时间的推移，雨衣被发现，4人均遇难，殉职原因查明等消息不断被报道，关于哀牢山的科考历史和相关地理环境知识等也全面呈现在公众的眼前。在信息传播过程中，也出现了一些错误的猜测，如4人被猛兽袭击、境外势力阴谋论等说法，但都随着新闻的进一步报道被不断纠正，最后向大众展现了事件的全貌。

5G、AI、4K等新技术的发展为全时空传播提供了坚实的技术支持。如果说4G为全民带来了直播的盛况，5G则为“虚拟在场”提供了可能。5G拥有高速度、泛在网、低功耗、低延时、万物互联的特点。例如，新冠疫情在武汉肆虐之时，央视频就通过5G+4K/8K+AI，实现了对雷神山和火神山医院建设的全程慢直播，超9000万网友化身云监工，见证火神山医院的从零到一，这也是全时空传播的重要用途之一。每年的全国“两会”报道中，媒体通过“云调度”等方式，实现了“云采访”“云传输”，力求实现“一镜到底”式的传播，也实现了全时空传播。

著名传播学者哈罗德·伊尼斯（Harold Innis）认为传播和传播媒介都有其偏向，大致可以分为：口头传播的偏向和书面传播的偏向、时间的偏向和空间的偏向。媒介有的适合在时间上纵向传播，有的适合在空间上横向传播。[①] 而在融媒体这个媒体形态中，时间和空间之间的间隔有所松动，其全时空传播在横向和纵向上都有可能实现，这一趋势标志着传播与媒介的新阶段，为未来的传媒发展开辟了全新的方向。

---

① 伊尼斯.传播的偏向：第三版[M].何道宽，译.北京：中国大百科全书出版社，2021.

四、全功能传播

中共中央办公厅、国务院办公厅印发的《关于加快推进媒体深度融合发展的意见》明确提出“新闻+政务服务商务”应该成为主流媒体的运营模式，这是在“内容为王”观念下进行的“泛内容”拓展，不断丰富媒体功能，是实现全效媒体的重要路径。在融媒体不断发展的过程中，早期的“内容+广告”的二元经营模式已经不再适应于当下的媒体环境，当前中国的主流媒体实践已经开始脱离完全体制化生存的环境，需要进入市场竞争的浪潮中。张越和范以锦认为，主流媒体可以用新闻内容打造品牌影响力，为主流媒体圈定社会资源、做好经营打下良好基础。然后，再通过“泛内容”连接政务、服务、商务，从而实现商业模式的变现。①

在全功能传播的理念中，媒体需要以文字、图片、音频、视频、H5 等多种形式融合报道，来满足用户的需求。美国鲍尔州立大学 Lori Demo 等学者总结的美国“融合新闻”的模式中的第五种模式就是“融合”，即“作为合作伙伴的媒介在新闻采集与新闻播发两个方面进行全方位的合作，他们的共同目标是利用不同媒介的优势最有效地报道新闻。多个媒介的记者编辑组成一个共同的报道小组，策划新闻报道并完成采编制作，并且决定哪一部分内容最适合在哪个媒介上播发”。② 融媒体就是要在信息的采集、制作和报道环节上实行跨媒介的合作，充分发挥各种媒介的优势，追求协同效应。

在全功能传播时代，传播融媒体内容产品已经全面渗透到我们的生活中，在这种情况之下，传统的内容产品形式已经不再适应于当前的传播环境，这就需要内容产品的形式不断创新，相互贯通。报刊类平面媒体开始进行“报网合一”，从文字向视听与互动发展；广播媒体开始进行“可视化”，把简单听觉和直

---

① 张越，范以锦.“新闻+政务服务商务”运营模式浅析[J].传媒，2020(23)：72-74.

② 蔡雯.从“超级记者”到“超级团队”：西方媒体“融合新闻”的实践和理论[J].中国记者，2007(1)：80-82.

播变为可视化、互动化、视听综合和即时交互的形式；电视媒体开始进行“台网互动”，并利用互联网短视频创新节目品牌，同时也广泛涉足网络直播领域。几乎所有的媒体都在建设移动客户端，集成多种功能，实现“一体化”服务。例如，嘉兴广播电视集团推出“禾点点”App，市民除了可以在应用上阅读新闻、查询政府公告外，还可以查询天气、交通等情况，医疗、旅游等模块也被加入，同时“禾点点优选”线上商城推广嘉兴特产，还提供大量本地服务内容。这种综合应用软件已融入我们的日常生活，满足了我们的多元需求。

第三节　产品形态的融通

融媒体的发展始于媒体内容接收端的变化，最初是 PC 端成为传统媒体内容的发布和接收终端。传统媒体在互联网上建立官方网站，对原有媒体内容进行二次传播，这是传统媒体在推进媒体融合的初期阶段；随着移动互联网的发展，以手机、pad 为代表的移动接收端开始广泛进行内容、产品的传播，这时的传统媒体通过开设官方微博、微信公众号以及推出官方 App“两微一端”的形式来推进媒体融合的进一步发展，开始探索对原有内容的再加工，尝试生产互联网内容产品。具体观之，同一个主题内容，经过分别“加工”以不同的形式呈现在不同的接收端，在内容产品生产上就是根据现有选题和素材进行差异化的整合，这形成了融媒体内容产品的雏形；随着媒体融合向深度发展，融媒体逐渐成为深度融合的基本形态，依托互联网和数字技术手段，图片、文字、音频、视频以及 H5、VR、XR 等的相互融合，融媒体产品形态逐渐成形，推动了融媒体在传播力、引导力、影响力、公信力等方面的提升和发展。

同时，产品形态的融通也使得传媒产业边界与其他产业边界逐渐消融。融媒体产品形态的融合体现了对于全功能传播理念的践行，许多优秀的模式出现，如盈利模式、运营模式、生产模式，不同层次的创新推动了传媒产业的发展。

针对特定事件提前策划的融媒体报道和融媒体产品生产已经成为当今中

国传媒行业常态。例如，中国共产党建党100周年庆祝活动中，国内主流媒体创作了大量优秀融媒体作品：人民日报新媒体中心创作歌曲MV《少年》，从青少年心理出发，鼓励青少年参与党史学习教育；中国军网推出的融媒体产品《百岁老兵寄语百年大党》，采用了文字、图片、视频、微专题、海报等多种形式，结合不同接收移动端的传播特点，针对不同人群的阅读特点，产品还设计了移动版和网页版，提供了更好的阅读体验。2021年，中国传媒大学与光明日报社联合推出了“鲜花献英烈”小程序和《清明》视频，通过献花的形式“云”上祭奠革命先烈。2022年，中国传媒大学与人民日报新媒体中心联合推出“鲜花献英烈”的融媒体交互产品，通过H5互动游戏的形式，追随先烈足迹，形成共同的历史记忆，珍藏民族宝贵的精神财富。

媒体进行直播带货已成常态。众多传统媒体都已经放下身段，进行直播带货的尝试，取得良好的成效。2020年，央视主持人朱广权与李佳琦“梦幻连线”，为湖北代言，两个小时的直播共卖出了66万单湖北产品，成交额达到4014万元，此后央视还多次与淘宝、快手、国美、拼多多等电商平台进行联动。湖北广播电视台的“百天千万扶贫行动”吸引了1.2亿人次观看，直接销售农产品2100余万元。吉林日报社推出的“兴农帮 · 帮老乡”滞销农产品助销活动销售额达到8800多万元。

广播的可视化也是融合的重要形式。传统观念中的广播是纯听觉的媒体，但近年来，人们对观看的愿望推动广播向可视化发展。在互联网时代，广播通过直播间、视频连线实现了即时互动。广播的可视化是传统广播与现代新媒体技术、互联网技术融合的产物，多种媒体技术和平台的相互交融，为广播领域带来立体化、交互式、多渠道的呈现方式，拓宽了受众，让广播萌发新生。在中央电视台、中央人民广播电台、中国国际广播电台整合为中央广播电视总台后，央视频App也推出了电台广播可视化入口，越来越多的电台栏目开通了视频直播、远程视频点歌等交互性设计，增加了广播节目的趣味性，吸引了年轻听众。

◆案例:中央广播电视总台《如果国宝会说话》

●时长创新

传统纪录片通常采用“长时单集”,《如果国宝会说话》把整个纪录片划分为100集,分为四季播出,同时,将每集时长控制在5分钟以内,呈现为一种化整为零的“小体积形式”。这种短小精悍的节目更符合当下网络上视频传播的趋势,使节目更容易在互联网平台上传播,同时也符合现代观众的观看习惯。

●叙事手法创新

在叙事手法上,传统纪录片通常采用以人为主角、借人讲述或记录的方式,《如果国宝会说话》创新性地把国宝作为主角,始终放在纪录片的中心地位,使观众的注意力能够一直聚焦在国宝身上,从而更深刻地领略传统文化的内涵。该纪录片在表达方式上也进行了大胆创新,将网络流行的表达方式与国宝完美结合。在《唐代仕女俑》一集中,解说词道:“作为一个每天都在努力减肥的胖妹,我曾梦想生活在大唐,但后来才知道:初唐不胖,晚唐臃肿,即使盛唐也不都是以胖为美,你身边同样有苗条的闺蜜。只是那时自信,那时自在,那时是以想胖就胖的自由为美。”这种表述方式恰恰符合了当代年轻人对生活态度的追求,增加了节目对年轻人的亲和力和吸引力。

(《唐代仕女俑》,https://www.bilibili.com/bangumi/play/ep328279?from=search&seid=7333317933373167595&spm_id_from=333.337.0.0&t=7.5)

●新技术的应用

数字技术的运用,让国宝得以“复活”,以更生动的形象呈现在观众面前。这种技术手段使国宝变得活灵活现,不再仅仅是静态的展品,而是具有了情感和生命的角色。

(《洛神赋图》,https://www.bilibili.com/bangumi/play/ep328261?from=search&seid=7333317933373167595&spm_id_from=333.337.0.0&t=57.7)

●渠道运营的创新

《如果国宝会说话》在中央电视台、各大视频网站、社交媒体平台等播出,实现多渠道的传播。这种综合的渠道运营策略，使节目能够更好地触达不同层次、不同年龄、不同兴趣的观众，实现了传播的全面覆盖。

此外，纪录片还通过社交媒体与观众进行互动，收集观众的反馈和意见，进一步增强了观众的参与感和黏性。通过在社交媒体上开展讨论、分享、评论等活动，形成了一个更加立体的传播生态，不仅传递内容，还拉近了观众与该片的距离。

综上所述，《如果国宝会说话》在节目内容、叙事手法、新技术应用以及渠道运营等方面进行了多方面的创新，为文化传承注入了新的活力，使传统文化以全新的形式展现在观众面前，实现了文化传承与创新的有机结合。这一创新案例充分展示了广播电视媒体融合创新的力量，也为行业带来了新的启示。

作为媒体融合的直接产物，融媒体必须不断在体制机制、方法手段、内容产出上推陈出新、革故鼎新，这是我国不断加强意识形态领域工作，推动建构网上网下一体、内宣外宣联动的主流舆论格局，讲好中国故事、传播中华文化的重要举措，也是推动我国文化软实力逐步提升，国际话语权不断增强，阔步走向世界舞台中央的重要手段。随着时代的发展，融媒体将在推动我国的发展和提升我国的国际影响力方面发挥更重要的作用。

第二章　融媒体及思维方式

媒体作为传播信息的媒介，是人们用来传递信息与获取信息的工具、渠道、载体、中介物或技术手段。人们的思维方式是决定其看待事物的角度、方式和方法的因素，对个体的言行有着重要影响，而在媒介的介入下，人们的实践活动也受到思维方式的引导。随着时间的推移，媒介形态的变革也在不断影响和塑造人们的思维方式的演变。

当前，融媒体是传播信息的主要媒介形式，它能够将报纸、杂志、广播、电视、互联网等的优势进行整合，取长补短，形成一个连接不同媒介形态的载体。然而，融媒体并非从零开始，它承载着传统新闻媒体和网络媒体的基因，受到它们的深刻影响。

传统媒体在漫长的发展过程中积累了丰富的实践经验，这也在一定程度上影响了从业者的思维方式。从 1609 年索恩在德国发行《艾维苏事务报》，到 20 世纪 20 年代 KDKA 电台于匹兹堡诞生，再到英国广播公司（BBC）于 1929 年试播，传统媒体在过去百年中不断演化，为从业者塑造了相对固定的思维方式。

互联网始于 1969 年美国的阿帕网，也被叫作因特网（Internet），是网络与网络之间所串联成的庞大网络，中国在 1994 年正式接入互联网。2011 年，在百度联盟峰会上，李彦宏首次提出了“互联网思维”这一概念。2013 年 11 月 3 日，中央电视台《新闻联播》播出了专题报道《互联网思维带来了什么?》，使公众对这一概念有了更深刻的思考和了解。

自诞生以来,互联网以“互联网+”的形式进入了各行各业,并把各行业联通起来,同时,互联网思维也进入了各行各业,它的内容和含义也变得越来越丰富。

融媒体是媒体融合的产物,也是“互联网+”媒体形成的新的媒体形态,引发了媒体形态和人们思维方式的双向变革。在这个过程中,传统媒体的经验、互联网思维的创新,以及传统媒体与新媒体的结合,共同塑造了融媒体环境下的思维方式。① 因此,融媒体语境下的思维具有互联网思维的特点,还结合了媒体的特征,具体表现为用户思维、产品思维、互动思维、运营思维和数据思维。

第一节 传统新闻媒体思维

一、什么是传统新闻媒体思维

强月新、陈星在“线性思维、互联网思维与生态思维——新时期我国媒体发展思维的嬗变路径”一文第一部分“线性思维:传统媒介技术时期的媒体发展思维”中提到,在线性思维的影响下,我国媒体发展实践呈现出全封闭的运作方式。首先,在新闻产品的生产流程上,当时的媒体机构多采取线性编辑的方法进行后期制作,所有素材加工都必须按照时间顺序进行。受众也只能在时间维度上按照传播者给定的传播顺序接收信息、收听或观看栏目,按照传播者制定新闻价值的标准选择新闻,或依照报纸版次寻找新闻。② 其次,在新闻产品的呈现上,鉴于社会转型中国家对凝聚共识的强烈宣传需求,新闻产品中的计划宣传色彩仍然较重,报道形式相对单一,“千报一面”的同质化现象时常出现。最

① 强月新,陈星.线性思维、互联网思维与生态思维:新时期我国媒体发展思维的嬗变路径[J].新闻大学,2019(2):1-11,117.

② 陈力丹.互联网的非线性传播及对其的批判思维[J].新闻记者,2017(10):46-53.

后，在媒体运营方式上，我国媒体的新闻节目普遍为“自编、自产、自发”，兄弟单位内部节目的协作交换较少，新闻传播流程呈现出闭合特征，仅局限于自有的渠道，大多数媒体的运作方式非常简单，且缺乏合作意识。

这些情况和问题在很大程度上是由传统新闻媒体自身形态的特点决定的，同时也制约了传统新闻媒体的发展。然而，随着媒体融合和技术进步，融媒体的兴起为传统新闻媒体带来了新的发展机遇。融媒体从业者虽然工作平台有所不同，但是仍需充分理解传统新闻媒体的工作思维方式，遵循传统新闻媒体的特点，进行内容创作与传播。

坚守传播内容真实、客观。虽然以报纸、广播、电视为代表的传统新闻媒体的影响力、覆盖面不如互联网，但其仍然是地方党委政府的喉舌，承担着连接党和人民群众的重任，起着纽带和桥梁作用，在地方经济社会的稳定和发展中有着重要的作用。坚持传播内容的真实性、客观性仍是媒体的第一要务，也是媒体人要坚守的底线和原则。

传统新闻媒体的从业者要处理好传播内容的准确性与时效性的平衡，坚持传统新闻媒体的权威性、专业性和严肃性，坚决执行新闻核实核查流程，不盲目追求快报、快发，要以内容准确无误为发布原则；还要树立正确的新闻价值观，新闻报道不夸大、不盲从、不谄媚，始终坚持客观报道。针对个人炒作事件，不能偏听偏信，做到不参与、不回复、不评论；针对公共舆论事件，不能袖手旁观，要主动发声，做好舆论引导，传播正能量，弘扬社会主义核心价值观。

善用有限的传播时空。报纸、杂志媒体有固定的刊面，广播、电视每天最多播出 24 小时。这些有限的空间和时间，使得传统新闻媒体每天生产和传播的内容是有限的，这就要求从业者在规定的时间内生产出要传播的内容，并按照计划时间进行发布。

虽然有限的传播时空会使得传统新闻媒体与网络媒体在新闻报道的竞争中处于劣势，但传统新闻媒体在几十年的发展中，积累了良好的媒体公信力，并且具有官媒的优势，从业者应当主动从政府及相关职能部门中获取更多、更有用的信息，及时发布第一手资讯，用最权威的现场报道来抓住受众，增强传统新闻媒体在受众中的传播力、引导力、影响力、公信力。

适应线性传播的限制。传统新闻媒体的受众接收信息受传播者给定的顺序以及制定新闻价值的标准影响；此外，传统新闻媒体的单向传播特性，使得受众一旦错过，再次获取信息就变得不那么容易。同时，广播式的传播方式与当下受众个性化、多元化的接收信息的喜好是相悖的。

虽然线性传播限制了传统新闻媒体，但是这种强势传播模式有强调的效果，能更加有效地将党和政府的重要政策、方针传播到位。尤其是在出现重大疫情、险情时，传统新闻媒体的强势传播能力能够起到全面覆盖、重点提醒、传播到位的效果。

国家大力推动建立的国家应急广播体系，利用广播电视、网络视听等信息发布渠道，向公众或特定区域、特定人群发布应急信息的传送播出系统，特别是在发生重大自然灾害、突发事件、公共卫生与社会安全等突发公共危机时，提供迅速快捷的信息传输通道，是政府直接面向灾区群众进行救灾的最有效的指挥调度平台，也是政府面向灾区群众传递信息的重要载体。应急广播可以是村头“大喇叭”，也可以是电视、电台，更可以是手机短信、网络视频和5G消息。

国家应急广播在实践中取得了显著成果。在2013年四川雅安地震中，国家应急广播首次尝试了定向应急广播，为灾区提供了必要的指导和信息。

此后，在云南鲁甸地震、景谷地震等地震灾害中，国家应急广播电台多次启动，通过单点或多点调频广播实现了定向覆盖，向信息孤岛中的民众提供了急需的服务，当地受灾百姓通过应急电台及时了解来自政府的行动指导和通知公告，并反映了有关寻亲、儿童走失、流浪人员救助等问题；政府部门将救援情况、灾民安置和其他管理措施通过应急电台进行播发；由外部进入灾区的志愿者、民间慈善组织等力量也将信息纷纷汇聚到“帐篷电台”，由此进行资源统筹协调、协助救灾。

总之，尽管线性传播模式存在局限性，但其在特定情况下的强势传播效果不可小觑。国家应急广播体系的建设和实践,为应对突发公共危机提供了有力的工具,展现了传统新闻媒体在舆论引导和信息传播方面的重要作用。

二、为什么要坚守传统新闻媒体思维

当前,融媒体机构主要有两种形态:一种是传统新闻媒体通过媒体融合路径,发展成为融媒体中心/传媒集团(这里提到的传统新闻媒体是指报纸、杂志、广播、电视等官方媒体机构),传统新闻媒体依然扮演着至关重要的角色,尽管媒体形态正在不断演变,传统新闻媒体的核心价值和作用却无可替代;另一种是企事业单位、机构的宣传部门衍生发展出的融媒体中心/部门,它们作为本单位对外发声的平台,仍然要坚持准确发声、真实表达。作为从业者,无论在哪种类型的融媒体机构中工作,都要坚守传统新闻媒体思维。

坚守传统新闻媒体思维是坚持新闻的真实性和客观性。作为新闻传播的承载者,传统新闻媒体肩负着心系百姓、为民发声、传播正义的责任和使命。坚守传播内容真实、客观的原则是传统新闻媒体思维的核心,确保新闻的公正性和权威性是传统新闻媒体的职责所在,坚守传统新闻媒体的思维方式,有助于提供更可信的信息,对公众产生正面引导作用。

坚守传统新闻媒体思维是维护社会稳定的基础。传统新闻媒体是连接政府与民众的桥梁,保持传统新闻媒体的工作思维,能更好地促进社会的稳定,传递政府的声音,提供权威、稳定的信息来源,反馈群众的心声,解决群众的急难愁盼问题。

坚守传统新闻媒体思维是坚持弘扬正能量。传统新闻媒体在报道时会以社会责任和正确的价值取向为出发点,不盲目追求轰动效应。坚持传统新闻媒体思维,有助于发掘生活中的温暖与感动,传递积极向上的信息,弘扬社会主义核心价值观,提升社会文明水平。

1983 年,第十一次全国广播电视工作会议召开,制定了“四级办电视”的方针。2018 年 8 月 21 日,在全国宣传思想工作会议上,习近平总书记强调,要加强传播手段和话语方式创新，让党的创新理论“飞入寻常百姓家”。要扎实抓好县级融媒体中心建设，更好引导群众、服务群众。[①] 2020 年 9 月，中共中央办公厅、国务院办公厅印发了《关于加快推进媒体深度融合发展的意见》，该意见指出，要按照资源集约、结构合理、差异发展、协同高效的原则，完善中央媒体、省级媒体、市级媒体和县级融媒体中心四级融合发展布局。在这个快速变化的媒体环境中，传统新闻媒体的建设一直没有停止，仍在不断加强，只是媒体形态发生了改变。传统新闻媒体需要顺应融媒体发展的趋势，同时坚持自身原则和价值，确保信息传播的稳定性和可信度，为社会提供有益的信息，推动社会的良性发展。

第二节 用户思维

一、什么是用户思维

受众是指信息传播的接收者，包括报刊和书籍的读者、广播的听众、电影电视的观众。用户是指使用电脑或网络服务的人，通常拥有一个用户账号，并以用户名识别。

郭全中、李蕾在“媒体原创节目投入产出机制初探”一文中指出，用户与受众、网民有本质区别。一则“受众”和“网民”是整体概念，无法针对受众和网民建立起个体数据模型，而“用户”是个体概念，可以建立起精准的个体数据模型；二则媒体难以与受众、网民建立起及时的互动，难以针对受众和网民的反馈快速迭代，却可以与用户及时互动，并根据用户的反馈快速迭代。尤其在当下的大数据和人工智能时代，媒体不再像之前一样缺乏对用户画像和用户需求展开分析的有效办法，而是可以通过与用户的有效联结与其及时互动，通过点击、转

① 联播+|从相“加”到相“融” 习近平绘就媒体融合发展蓝图[EB/OL].(2021-02-19)[2024-03-01]. https://baijiahao.baidu.com/s? id=1692079854029378117&wfr=spider&for=pc.

发、评论和弹幕等更好地了解用户的需求。①

陈昌凤、马越然在“重视用户思维：数据时代讲好中国故事的关键”一文中指出，在媒体的社交性和互动性增强之后，传统的“受众”概念逐渐演变成了“用户”概念。②

在媒体融合的进程中，融媒体的服务对象已经从传统的受众转变为用户，这就需要融媒体的从业者站在用户的角度，进行目标用户分类、建立用户画像、挖掘用户需求，从而能够更精准地服务用户。

清华大学沈阳教授在“媒体融合的四种思维和路径”一文中，将“用户思维”与“大数据思维”“互联网思维”“版权思维”“底线思维”并列，认为这是传统媒体重塑的逻辑起点与核心。③

那么，什么是用户思维？

赵大伟在《互联网思维》一书中提出，所谓用户思维就是在价值链各个环节都要“以用户为中心”，并总结出用户思维的三个法则：“小众”变成“长尾”、参与感消费和用户体验至上。④

周逵在“用户思维视野下的广电媒体转型”一文中指出，媒体的经济属性从本质上要求媒体产品必须满足消费者的使用需求。这就要求媒体在内容生产的过程中，如同所有的其他商品一般，以消费者的需求为出发点，并了解消费者的使用习惯。如今，媒体技术的进步使得媒体消费者的需求被细分，技术赋权使得媒体受众（audience）和消费者（consumer）转变成为产消者（prosumer）和使用者（user）。因此可以说，传统媒体的转型正是要求媒体从业者形成新的用户思维，把单纯的受众转变为用户的过程。⑤

用户思维是以用户为核心的思维方式，站在用户的角度思考问题，体察用

① 郭全中，李蕾.媒体原创节目投入产出机制初探[J].电视研究，2021(10)：23-25，29.

② 陈昌凤，马越然.重视用户思维：数据时代讲好中国故事的关键[J].对外传播，2018(1)：38-40.

③ 沈阳.媒体融合的四种思维和路径[N].人民日报，2014-08-07(14).

④ 赵大伟.互联网思维[M].北京：机械工业出版社，2014.

⑤ 周逵.用户思维视野下的广电媒体转型[J].青年记者，2014(25)：19-20.

户需求,满足用户需求,解决用户的痛点,丰富用户体验,增强用户黏性。

传统媒体时代,由于受到传播技术、传播手段、传播条件等各种因素的限制,用户是模糊的大众群体,传统媒体很难精准地获知传播对象的详情。而互联网时代则借助大数据等技术手段,使得融媒体能够更准确地了解用户,进而更好地吸引用户、服务用户,以满足用户需求为目标,创造出更具吸引力的产品和内容。

二、用户思维与融媒体

从受众到用户的转变给融媒体从业者带来了巨大挑战和机遇。这一变化带来了多个维度的深刻转变,从模糊到具体、从被动到主动、从低频次到高频次、从单向传播到互动交流等,都在引导媒体从业者重新审视他们的角色和责任。用户思维是帮助从业者抓住用户的“指南针”。

用户思维强调以用户为中心,站在用户的角度思考问题,关注用户的需求、喜好和体验。通过深入了解用户,进行用户画像,挖掘用户需求,融媒体从业者能够更准确地把握用户的兴趣,推出更符合用户口味的内容和产品。这不仅能够提升用户的互动率和参与感,还能够增强用户的黏性,让用户更愿意持续关注和使用融媒体产品。

在建立用户思维的过程中,融媒体从业者需要围绕本土化的内容,考虑当地用户的文化积淀、地域文化特点等因素,打造特色鲜明的具有本土化特色的融媒体内容产品。另外,差异化的服务也是关键,要根据用户需求提供个性化的服务,让用户感受到真正的关怀和满足。通过持续的互动和反馈,融媒体从业者可以更好地了解用户的喜好、期望,从而不断改进和优化产品,提高用户的满意度。

在用户思维的引导下,融媒体从业者还可以通过分析用户的点击率、互动率和转发率等数据,评估内容的受欢迎程度,从而更有针对性地做出调整。这种数据驱动的方法能够帮助融媒体从业者更精确地洞察用户需求,为他们提供更有价值的内容和体验。

综上所述,用户思维不仅是融媒体从业者应对变革的必修课,也是他们抓住机遇、实现创新的重要指南。通过以用户为中心的思考方式,融媒体从业者可以更好地满足用户需求,提升用户体验,从而实现媒体与用户更紧密的连接。

◆案例:建党百年主题 MV《少年》

综观各大主流媒体庆祝建党百年融合报道创新案例,可发现它们都在用心研究当下年轻人的心理、喜好和需求,力求生产出能打动年轻人、“俘获”年轻人的作品。

2021 年全国“两会”期间,人民日报新媒体中心推出建党百年主题 MV《少年》,在表现形式、作品包装、技术手段等方面都力求年轻化,用说唱和影视等元素贴近年轻人,说年轻人说的话,唱年轻人唱的歌。

(https://www.bilibili.com/video/BV1tK4y1D7ZQ? t=0.0)

第三节 产品思维

一、什么是产品思维

“互联网产品”的概念源自传统的“产品”概念,但在互联网领域中具有特殊的意义。它是指在互联网环境下产出并用于经营的商品,是一种无形的载体,旨在满足互联网用户的需求。

虽然媒体本质上是内容产业,传播对象是受众,但随着融媒体时代的到来,融媒体的“传播对象”从受众变为了用户,因此,融媒体从业者需要思考如何在内容基础上构建更为丰富多元的产品,推进媒体的内容向产品化改革,以满足用户的需求。

陆先高在“产品融合:媒体融合发展的关键——《光明日报》、光明网的融媒体发展实践探索”一文中指出,媒体融合发展的关键,是要创新业态,创新产品,以产品为轴心,重组资源,开辟渠道,拓展市场。①

“以产品为核心”是推动融媒体创新发展的关键,在这个过程中,产品思维的引入变得极其重要。要生产出好的产品,就需要建立产品思维。

刘飞在《产品思维》一书中阐述了聚焦产品人的三大痛点:认识用户(用户画像、用户特征、用户场景、用户心智、用户需求);创造价值(用户价值、产品价值、用户体验);产品落地(供给侧能力、迭代思维、科学思维)。②

这三个痛点也是融媒体从业者实践过程中的难点。解决了在实践中遇到的这些问题,就能帮助从业者建立看待事物的角度、方式和方法,进而形成产品思维。

具体来说,产品思维和用户思维有很多共同之处,两者都强调以用户为中心,把用户放在第一位。从生产者的角度出发为“产品思维”,从用户的角度出发为“用户思维”。

产品思维是在生产中围绕着为用户解决问题、满足用户的体验和需求来确定产品定位、设计产品功能,制定产品开发、制作、营销等流程,并且,根据产品的定位,是要扩大影响力还是要创收,还是要二者兼顾,都需要在生产前考虑好,并且着眼于如何让产品落地并不断优化。

总之,随着媒体融合时代的到来,媒体从业者需要积极拥抱变化,通过用户思维和产品思维的引导,构建更加符合用户需求的丰富多元的产品,为用户提供更高质量的媒体体验,这种转变将有助于融媒体从业者更好地面对互联网时代的挑战和机遇。

---

① 陆先高.产品融合:媒体融合发展的关键——《光明日报》、光明网的融媒体发展实践探索[J].传媒,2014(12下):10.

② 刘飞.产品思维[M].北京:中信出版社,2019.

二、产品思维与融媒体

当谈及融媒体领域的发展时，产品思维扮演着举足轻重的角色。从生产的角度出发，在满足用户需求和用户心理的前提下，融媒体从业者还需要具备战略意识和策划意识，对融媒体内容产品的设计要有前瞻性和引导性，确保生产出来的内容核心价值与社会需求相一致。

在这个过程中，内容产品的角色不仅仅是满足单一媒介的内容传播，更应实现文字、图片、音频、视频等多种媒介形式的融合，并将它们有机地结合在一起，创造出更丰富、更多元的融媒体内容产品形态。这种“融合”不仅仅是内容形式的融合，更是对用户需求的深刻理解，以及对媒体技术和媒体传播方式的创新。

然而，最终产品的成功不仅仅取决于其技术实现和外在形态，更关键的是它是否能够真正满足用户的需求。只有当产品真正实现了这一点，融媒体才能够达到发展的成熟阶段。因此，产品思维在融媒体领域的应用，将成为塑造用户体验、提升媒体价值的关键要素。这意味着融媒体从业者需要不断关注用户反馈，灵活调整策略，以确保能够符合用户的期待和需求。

综上所述，产品思维是融媒体发展不可或缺的重要思维方式。它不仅强调关注技术和内容的融合，更强调将用户的需求置于核心位置，从而引领融媒体走向更加成熟的道路。随着社会和技术的不断变化，融媒体从业者需要不断拓宽视野，培养前瞻性思维，以创造出更多有精神价值、社会效益的产品，满足不断变化的用户需求。

◆案例：《面若桃花》青春系列短剧

中共苏州市姑苏区委宣传部、苏州市广播电视总台、苏州更广科技文化传播有限公司联合出品了《面若桃花》青春系列短剧。

为宣传苏州特色文化，该短剧用“文旅+影视+街区”引爆全域旅游，这个系列共12集，每集约10分钟，通过一种苏州面讲述一个治愈系小故事，针对“边吃饭、边看剧”的观看环境设计，让用户在十分钟的时间里得到视觉、味觉和心灵上的满足。同时，这个系列也在苏州平江路、山塘街等景区循环播放，细致呈现了苏州的街区风貌、美味小馆，带动了当地旅游，也对剧中出现的经典苏州面进行创意研发，打造实体产品创收。

(《面若桃花》第一集，https://www.bilibili.com/video/BV1qL4y1p7FN? t=0.0)

第四节　互动思维

一、什么是互动思维

张勇军在“核心竞争力视域下媒介角色功能的调整”一文中指出，传统媒介做“互联网+”，真正用互联网开放、共享、连接、互动的思维特征来调动用户参与生产、互动的积极性。①

互联网时代的核心特征之一就是互动性，而互动思维则是互联网思维的典型体现。当今，开放、共享、互动、分享的互联网打破了以往单向传播的格局，演变成了一个充满交流的新形态，传播方式不再仅限于“我播你看”的模式，而是变成了一个“人人都有麦克风”的交流平台。

用户不再只是信息的被动接收者，还能通过互动功能满足体验、表达、分享等多种需求，在这一过程中，融媒体也能够通过平台收集用户的反馈和行为，从而实现及时的交流。这种双向的交互加强了融媒体与用户之间的联系，强化了关系，单一、线性、被动、静止变成了多向、立体、主动、互动。

互动思维是在信息交流中强调媒体与用户之间建立起互动的机制。在整个信息的生产、传播和接收过程中，互动思维要求媒体与用户之间始终保持互

① 张勇军.核心竞争力视域下媒介角色功能的调整[J].湖北社会科学，2018(11)：184-192.

动交流，不断进行反馈、交换和沟通。

综上所述，互联网思维的核心是互动思维，通过建立双向的信息交流机制，媒体能够更好地满足用户的需求，加强与用户的联系，实现更深入、更富有活力的媒体互动。

二、互动思维与融媒体

传统新闻媒体在单向传播模式的限制下，长期以来面临着互动性不足的问题。然而，在融媒体的形态下，这一问题得到了解决，互动性可以从融媒体的生产阶段一直持续到信息接收完成的全过程。

在融媒体的形态下，互动不仅仅体现为用户与融媒体之间的互动，还体现为融媒体形态中不同媒介之间的互动。这种互动能够突破媒介之间的壁垒，为融媒体扩大传播力和影响力提供助力。通过各个媒介之间的互动，不同形式的内容可以相互补充，形成更有力的传播效果，实现 1+1>2 的协同效应。

融媒体的互动性不仅改变了传统的单向传播模式，还促进了用户的积极参与，使传媒更具活力和影响力。这种全方位的互动性不仅丰富了内容，还加强了信息的传递和共享，有助于构建更加开放、互动、共享的媒体生态。通过互动，融媒体形态能够更好地满足用户需求，提升传播效果，实现媒体与受众之间更紧密的联系。

◆案例：真人秀节目《女神的新衣》

2014 年，东方卫视推出明星跨界时尚真人秀节目《女神的新衣》。该档电视综艺使电商直接进入节目中，观众跟着节目内容的节奏，当买家拍下新衣，天猫网店即可上线。观众通过购买链接，直接买到电视中播出的明星设计款，实现了“即看即买”的互动效果。

（https://v.qq.com/x/cover/9zs8w04ukfcvq4j/w0015f5mv66.html?n_version=2021）

第五节 运营思维

一、什么是运营思维

“运营”是管理学领域的一个重要概念。在过去,西方学者将涉及有形产品生产的活动称为“production”或“manufacturing”,而将涉及服务提供的活动称为“operations”,两者统称为“运营”。

根据百度百科的定义,运营就是对运营过程的计划、组织、实施和控制,是与产品生产和服务创造密切相关的各项管理工作的总称。从另一个角度来讲,运营管理也可以指对生产和提供公司主要产品和服务的系统进行设计、运行、评价和改进的管理工作。

蚂蚁集团资深专家孙健认为:运营是从企业视角,为实现企业的商业价值而进行的一系列商务活动。在不同类型的企业中,运营的定义和范围有所不同。其中,内容运营、活动运营、用户(商户)运营基本是被广泛认可的部分,而渠道、营销、市场、品牌等可能各有不同。①

自人类开始生产劳动,就有了运营,只是其内涵随着时代的演变而不断变化,到了当下,各行各业的运营都与互联网紧密相连。

运营的本质其实是一种思维方式,即运营思维。这种思维方式是在运营管理过程中形成的有规律可循的方式、方法。张沐在《运营思维》一书中指出,掌握运营思维需要掌握目标思维、分析思维、实验思维、流程思维、拆解思维、复盘思维、产品思维、用户思维等。②

总的来说,运营是指在产品生产和服务过程中,对产品和服务的内容、渠道、用户进行有计划、有组织、有控制的管理。运营思维则体现了人对这个管理

---

① 张沐.运营思维[M].北京:人民邮电出版社,2020.

② 张沐.运营思维[M].北京:人民邮电出版社,2020.

的认识过程和反应过程。

二、运营思维与融媒体

在传统媒体领域，运营思维早已扮演关键角色。以杂志为例，出版社需要运用运营思维来吸引更多订阅者。为了实现这一目标，出版社必须深入了解杂志的目标受众，掌握他们的兴趣和喜好。一旦这些要素确定，编辑和主编会在运营思维的指导下进行内容筛选、排版设计以及发行，以确保杂志能够吸引读者并满足读者需求。这种运营思维在传统媒体行业中是司空见惯的，确保了内容与读者的紧密联系。

然而，随着互联网时代的到来，由于信息量的迅速膨胀、信息时效性的提升，用户的选择和互动需求也日益增强。在这个新的背景下，运营思维的重要性更加凸显。融媒体的产品和内容需要经过运营思维的指导，在内容生产的初期就要思考如何选择传播平台，如何设计能够吸引对应平台的用户关注，如何鼓励用户积极参与互动，以及如何激发用户的主动传播行为。此外，运营思维也需要延伸到内容发布后，包括收集整理用户反馈，进行数据分析等，以帮助和引导融媒体生产部门产出更适合用户的内容。

在融媒体中，运营思维贯穿始终。它不仅能帮助融媒体找到最佳传播途径，更能提高融媒体内容产品的关注度和互动度。通过积极运用运营思维，融媒体能够更好地满足用户的需求，从而在信息爆炸的时代脱颖而出。无论是在内容的创作、发布还是用户反馈的分析上，运营思维都是融媒体从业者需要具备的重要思维方式。

◆案例：张维为教授演讲视频的两篇报道

《为何中国绝不尾随亚洲别国复制西方模式？张维为这回用了实锤数据！》

《CNN 记者下狠手怼中国学者！复旦教授张维为一句话回击，太精彩！》

这两篇推送的内容是一模一样的，都是张维为教授的同一段演讲视频解读。但是第一篇只有2.1万的阅读量,第二篇却达到了10万多,原因主要在标题上。第一条标题的前半句句式过于复杂,增加了理解门槛,后半句所谓“实锤数据”对于用户而言也没有任何概念;而第二条标题就有了很大的优化,句式简单,情绪直给,并且在短短两句话中营造了一种冲突感,易于引起用户的注意。

第二条标题的优化就是运营思维的体现。编辑当时只在一个平台发布了第一条标题,随后密切关注阅读量和评论的状况,确定了这个标题不是最大化吸引用户的选择,于是迅速调整了方向,拟好了第二条标题,并成为多平台的“爆款”。

(https://mp.weixin.qq.com/s/R3Fdf9sW1B6xRKKL91aNZQ)

(https://mp.weixin.qq.com/s/b0lULkQ9yQGvkh3HqHY3gQ)

这种情况充分说明了运营思维在融媒体中的重要性。在内容的选择、呈现和发布过程中,运营思维能够帮助编辑更好地满足用户的需求,提高内容的关注度和传播效果。通过不断地观察、分析和调整,运营思维使得融媒体的产品更加适应用户的口味,从而达到了更好的传播效果。

第六节　数据思维

一、什么是数据思维

传统意义上,数据就是数值,可以是数字,也可以是文字、图像、声音等,是可以通过观察、实验或计算得出的结果。然而,随着互联网时代的到来,数据的含义变得更加丰富,扩展到了更广阔的领域。

王珊、萨师煊在《数据库系统概论(第5版)》一书中指出,数据是指对客观事件进行记录并可以鉴别的符号,是对客观事物的性质、状态以及相互关系等进行记载的物理符号或这些物理符号的组合。它是可识别的、抽象的符号。它不仅指狭义上的数字，还可以是具有一定意义的文字、字母、数字符号的组合、图形、图像、视频、音频等，也是客观事物的属性、数量、位置及其相互关系的抽象表示。例如，“0、1、2……”“阴、雨、下降、气温”“学生的档案记录、货物的运输情况”等都是数据。数据经过加工后成为信息。在计算机科学中，数据是所有能输入计算机并被计算机程序处理的符号的介质的总称，是用于输入电子计算机进行处理，具有一定意义的数字、字母、符号和模拟量等的通称。①

随着数据的积累和互联网的发展，“大数据”的概念逐渐形成。根据麦肯锡全球研究所的定义：一种规模大到在获取、存储、管理、分析方面大大超出了传统数据库软件工具能力范围的数据集合，具有海量的数据规模、快速的数据流转、多样的数据类型和价值密度低四大特征。

在信息时代，数据的海量化引发了一系列变革。传统的操作模式已经无法有效处理海量数据，因此，大数据、云计算、人工智能等新技术的应用，不仅改变了我们的行为方式，还催生了新的思维方式。

赵兴峰在《企业数据化管理变革：数据治理与统筹方案》一书中说：“数据思维是根据数据来思考事物的一种思维模式，是一种量化的思维模式，是重视事实、追求真理的思维模式。”②

这种思维模式要求能够理性地分析和处理数据，从数据中找到规律和见解，并能将数据与业务和管理流程相联系，提出创新性的见解。这种思维模式是一种综合性思维。

当下，关于数据思维的理论文章、书籍数量众多，观点各异，但是无论是数据思维还是大数据思维，都是基于大数据开展讨论。因为，在信息化的进程中，数据已经进入人类的方方面面，任意内容的数据都是海量级的。

总而言之，数据思维是一种通过数据来思考问题、解决问题的思维方式。它借助云计算、人工智能等技术来储存和分析数据，帮助人们洞察事物的本质，

---

① 王珊，萨师煊.数据库系统概论[M].5 版.北京：高等教育出版社，2015.

② 赵兴峰.企业数据化管理变革：数据治理与统筹方案[M].北京：电子工业出版社，2016：97.

计算得出的数据结果，作为人们的实践指引。无论是数据思维还是大数据思维，都建立在大数据的基础上，用于帮助人们更好地理解和应用数据，从而指导实践。

二、数据思维与融媒体

与传统媒体时代相比，用户在融媒体时代的行为已经发生了本质的变化，他们更加主动、活跃，且参与性更强。这些变化体现在用户对融媒体产品不仅关注、点赞、评论、转发，还能够参与内容的生产与传播。

融媒体的特点使其能够记录下用户的行为、聚集用户的反馈和接收用户的生产内容，这些内容的汇聚形成了大量的数据资源，也为研究用户的行为和需求提供了可靠的依据。因此，在融媒体中，要了解用户需求、更好服务用户，必然要以数据为支撑，数据变得极为重要，数据思维成为指导从业者进行工作的关键。

除了在用户端运用数据，数据在融媒体的内容生产中也起到了重要作用。数据新闻、数据视频等形式，都是数据内容化的体现。通过加工数据并可视化呈现，可以更加生动地传达信息，提高内容的吸引力和可信度。

◆案例：数据新闻《#数说一带一路#看十年亮眼成绩单》

2023年10月9日，中国日报新媒体中心推出数据视频新闻《#数说一带一路#看十年亮眼成绩单》，通过大量的数据来阐述过去的10年中，中国在推动"一带一路"建设中取得的成绩。

（https://weibo.com/1663072851/Nn4MR83KE）

这种融媒体报道将数据作为主要内容，用数据说话，凸显报道的真实性、客观性，并且数据的变化展现了所要表达主题的成果，更具说服力。

另外，在融媒体发展过程中，一些传统新闻媒体也借助大数据平台构建了

“中央厨房”和媒体云等工作模式，这些是在数据思维影响下的实践成果。这些模式利用数据分析和管理，实现了内容的集中生产和分发，提高了效率和精准度，进一步推动了媒体融合的进程。

总之，融媒体环境中的海量数据的涌现，使得数据思维成为融媒体从业者不可或缺的一部分。通过运用数据思维，从业者们能够更好地了解用户、优化内容生产、提升服务质量，从而更好地适应融媒体时代的发展。

◆案例：数据新闻《大阅兵后再看这组外媒数据，忍不住又红了眼眶！》

中国日报报道团队耗时两个多月梳理了10万余篇《纽约时报》报道，汇总成数据图表，为数据视频的制作提供坚实的量化支撑。

（https://mp.weixin.qq.com/s/z_o5NsVzVoo88ML70yMX-Q）

该案例以外媒对中国的报道为切口，选择了国外主流媒体之一的《纽约时报》作为统计对象，分析该报头版70年间有关中国经济的稿件的数量变化。此外，还选取了世界银行历年的各国（经济体）GDP排名作为统计对象，记录中国GDP排名逐步上升到世界第二的过程。

在这个过程中，中国日报报道团队从“图文并茂”逐渐演进到“图文视互并举”的方式。在传统媒体中，由于工作考核和版面设计等原因，大部分报纸版面以文字为主、图片为辅，已难以满足受众的多样化需求。而融媒体的内容设计更多地融合了图片、视频和互动元素，利用短视频的视觉冲击力吸引受众的关注，接着通过深度的新闻内容传播，最终实现受众的转发、评论和互动，从而最大程度地提升传播效果。

第三章　融媒体的受众

在人类的传播活动中,受众起着至关重要的作用,他们常被视为传播活动的终点或最终目标。受众在传播过程中具有自我编码和解码的权利,他们可以对内容进行解读和诠释。这就是俗称的"一千个人眼中就有一千个哈姆雷特",不同的受众可能从同一信息中获得不同的理解。

同时,在传播活动中,受众不仅扮演接收者的角色,还能进行反馈和评价,这可以影响内容的生产和传播渠道的选择。尤其是在互联网时代,用户思维成为非常重要的思维模式,只有充分了解用户需求、通过大数据进行用户画像描摹、利用算法对用户的喜好进行充分研判等,才能实现内容的精准投放和传播效果的最大化。例如,我们在使用浏览器时总会被询问是否允许使用"cookies",这些"小曲奇饼干"事实上已经构成了内容提供者了解用户行为、提供个性化服务的重要工具。

随着融媒体的快速发展,传受关系已然发生了巨大的变化。随着媒体技术的赋能和受众媒介素养的提高,受众获取信息的渠道不断扩展,对于时间的线性限制不断突破,他们拥有了更大的主动权和选择权,甚至成为媒体生态的一部分。在媒体深度融合发展的趋势下,融媒体从业者将会面对更加细分的"用户",更要高度重视传播活动中的"用户体验",这对传媒相关专业的学生提出了更高的学习要求。

从某种程度上说,融媒体中的受众即现今所称的"用户",而每一个生活在融媒体时代的人,尤其是"Z 世代"的青年,天然享受着媒体融合带来的红利,他们都具有"用户"的特点。

本章将对当前融媒体环境中的受众发生了怎样的变化、有何特征等问题进行探讨,这有助于我们更好地理解融媒体时代受众的需求和行为。

第一节　受众与用户

在融媒体时代,"用户"和"受众"是两个常用的概念,它们在媒体领域广泛运用,但是我们应如何去认识和理解这两个概念,它们之间又呈现怎样的逻辑关系,需要我们进一步厘清。只有这样才能在不断变化的媒体环境中,找到应对的方式和方法。

"用户"和"受众"原本是两个不同的概念,但在融媒体环境中,它们之间有密切的联系。受众是广义上接收媒体信息的人群,他们在传统媒体时代通常是被动接收信息的一方,而用户则更多地涵盖了"参与"和"互动"的概念,他们不仅接收信息,还能与内容互动、参与内容创造,继而影响媒体的内容生产与传播。

在这个理解下,可以将用户视为受众的一个更为具体的子集。用户不仅是信息的接收者,还具有更丰富的特点和权利。用户在融媒体环境中拥有更高的参与度和主动性,他们可以通过点赞、评论、分享等方式与内容互动,甚至可以自行生成内容,如社交媒体上的帖子、短视频等。

因此,用户不仅是受众的延伸,更是融媒体环境中的关键性因素。理解用户的特点、需求和行为模式对于媒体从业者来说至关重要,因为这有助于针对性输出内容、提高用户体验,进而实现内容的最大化传播和利益回报。

在媒体融合的进程中,深入理解用户和受众的区别以及它们之间的关系,将有助于从业者更好地应对媒介环境的不断变化,为用户提供更符合其需求和喜好的内容。

一、受众

受众是传播学最为经典的研究领域。国内外的专家学者从不同角度对受众进行了深入研究,涵盖了受众的概念、特点、传播效果等方面。在国外,受众研究涌现出了一些经典的理论,在20世纪有四个非常著名的理论,这些理论在新闻学、传播学的研究中具有重要地位,需要我们去了解和掌握。

20世纪20年代至30年代,以西多尼·罗杰森(Sidney Rogerson)和哈罗德·拉斯韦尔(Harold Lasswell)为代表的学者提出了著名的“魔弹论”,又称“枪弹论”“靶子论”“皮下注射论”“刺激反应论”,这一理论认为媒介具有强大威力和效果,软弱无力的受众就像是射击场上的靶子,无力抗拒媒介的信息射击,媒介所传递的信息就像是子弹射中身体、药剂注入身体一样,能够在受众身上产生直接迅速、大致相同的反应。受众消极被动地等待和接收大众传媒所灌输的各种思想、感情、知识或动机,这些内容不仅可以直接左右人们的态度和意见,甚至可以支配人们的行为。美国哥伦比亚广播电视公司的广播剧《火星人入侵地球》以及西多尼·罗杰森的《下一次战争和宣传》、伦纳德·W. 道布(Leonard W. Doob)的《宣传的心理和战术》等著作中,提到了大众媒介的强大威力。在今天看来,这种理论将整个媒介放置于过于完美的状态去考察,夸大了媒介的作用,并且忽视了受众在其中的定位和主动性。

进入20世纪40年代,以赫伯特·布鲁默(Herbert Blumer)为首的社会学家将社会学的概念引入传播学,将受众称为“大众”,强调受众具有群体性、规模大、匿名和无限性的特点,但稳定性差。进入20世纪60年代,有限效果论成为受众效果研究的主流,以雷蒙德·鲍尔(Raymond Power)为首的学者普遍认为受众有其主动性,可以根据自身需求来选择媒介内容,但对于媒介的反作用的考察还比较弱。1942年卡尔·霍夫兰(Carl Hovland)在军队中所做的研究、1944年保罗·拉扎斯菲尔德(Paul Lazarsfeld)对选举运动的研究等都是有限效果理论的重要成果。1960 年,约瑟夫·克拉珀(Joseph T. Klapper)在《大众传播的效果》一书中对效果研究做了总结,指出了大众传播产生效果通常必须通过一系列中介因素发生作用。①

20 世纪 70 年代,伊莱休·卡茨(Elihu Katz)提出了"使用与满足"理论,该理论是站在受众的立场上,通过分析受众对媒介的使用动机和获得的需求满足来考察大众传播给人类带来的心理和行为上的效用,是大众传播效果论发展到识读效果论的重要观点,该理论一度成为受众效果论非常经典的理论框架,截至 2023 年 8 月 15 日,在"中国知网"(CNKI)②的数据库中利用主题搜索"使用与满足理论"可以搜索到 774 篇学术期刊论文和 234 篇学位论文,该理论对于受众研究的重要性和地位可见一斑。

一般来说,受众可以被认为是传播行为的接收者,是传播活动中信息流通的终点,也是传播活动的动力和中介。同时,我们要注意到受众又是大众传播媒介中积极主动的参与者和反馈来源。在大众传播中,受众是对大众传媒信息接收者的总称,包括纸质印刷读物的读者,广播的听众和戏剧、电影、电视节目的观众,受众一般具有多、杂、散、匿的特点。

特别值得注意的是,受众大多是由一批个人组成的,其构成和特点并非一成不变,其做出的选择并不总是相同的,但有时其会产生从众心理、逆反心理等,并且传者和受者之间存在很大的时空区隔,双方的了解间接且笼统,这种情况随着融媒体的出现发生了变化。

融媒体的出现改变了受众的特点和行为。受众不再是简单的信息接收者,而是能够自主选择和创造内容的积极参与者。他们通过互动、评论、分享等方式来影响内容的传播和形成。受众的多样性和个体特征需要更加深入的研究,而且受众与媒介之间的时空区隔也在融媒体环境中发生了变化。

总的来说,受众研究是传播学中一个重要的领域,其理论的发展受到了传

---

① 克拉珀.大众传播的效果[M].段鹏,译.北京:中国传媒大学出版社,2016.

② 中国知网[EB/OL].[2023-08-15].https://www.cnki.net/.

播环境和媒体技术的影响。在融媒体环境中,了解受众的需求和行为变得更加关键,以更好地满足他们的期待,提供有针对性的内容和服务。受众已经不再是被动的信息接收者,而是内容创造和传播的积极参与者,他们的反馈和互动对于融媒体的发展和改进至关重要。

二、用户

在英语中,用户通常被称为“user”,多指某一种技术、产品、消费的使用者。用户的存在意味着相关产品的提供,而这种产品并不局限于传统的有形商品,还可以是抽象的、虚拟的产品,尤其在媒体领域,这种情况更加普遍。

当前国外学术界对于“user”的研究主要从 Web2.0 时代开始兴起的 UGC(User Generated Content,用户生产内容)中的 User 角度出发。这些用户是互联网信息市场中主动的、非专业的、积极的内容提供者,他们上传大量的信息,类似于我们常说的“自媒体”。之后,关于用户的身份,出现了一些复合词,如“prosumer”或“prouser”,用来描述 User 在内容生产和消费中的角色。然而,对“用户”并没有一个权威的定义,荷兰学者何塞·范·迪克(José van Dijck)认为可以从文化、经济和劳动关系的视角来看待用户:从文化的角度来看,用户分为接收者和参与者;从经济的角度来看,用户分为生产者和消费者;从劳动关系的角度来看,用户可以分为业余者和专业者。①

用户拥有极大的主观能动性,但这种主观性和参与性常常会陷入对立。用户到底是被新传播技术赋予了主动参与的角色,还是在技术的影响下,成为互联网虚拟世界中的“乌合之众”。在某种程度上,这两种情况是同时存在的,也是很难准确判断的。用户的含义集中于特定媒体或媒体平台的使用者,他们与旧有的观众或受众的区别在于,他们的信息接收和媒体使用已经分离开来。在当前的融媒体环境中,很多时候是在思考如何将人们的解读行为与媒介产品的

---

① VAN DIJCK J. Users like you? Theorizing agency in user-generated content[J]. Media, culture & society, 2009,31(1):41-58.

设计和使用结合，重新审视受众在其中的位置。

在清华大学的彭兰教授看来，当下媒体中的用户呈现出节点化、媒介化和赛博格化的特点。[①] 当下用户已经成为网络服务中的一个个节点，连接着各方，推动着传播、社会、经济乃至文明的发展，人与人、人与内容、人与服务之间的关系越发密切，而用户正在其中扮演着中介角色，发挥着重要的作用。

此外，尼古拉斯·尼葛洛庞帝提出的“数字化生存”也已成为当今融媒体的重要特征。随着传媒技术和互联网的飞速发展，媒体已经深度融入人们的日常生活，成为学习、工作、娱乐的重要载体。现今的生活成为如尼葛洛庞帝所描述的“数字化生活”，它容易进入，具备流动性以及引发变迁的能力。[②] 特别是在新冠疫情期间，身体区隔，流动受阻，大规模的聚集活动难以为继，融媒体带来的虚拟数字生活成为大多数人的无奈但必然之选，在这种情况下，人逐渐“媒介化”，媒介与现实生活之间的隔阂被打破，有时会相互映照并影响彼此。

第二节　从受众到用户

当前，我国的互联网普及率已经达到了较高水平，以微信、微博、抖音、知乎、Bilibili 网站等为代表的移动互联网、社交媒体平台已经“从根本上改变了人们的生活方式、思维方式，与周围世界打交道的方式，即人们很难做到真正自觉地、不受媒体文化影响和媒体描述方式干预地来观察和认识世界”[③]，这种影响就是人们能够更加即时地接收广泛的信息，个人所生产的信息也更有可能在大范围内传播开来。

斯密塞（Dallas Smythe）提出的“受众即商品”理论描述了传统媒体的商业模式：媒体制作文化产品并吸引受众观看，之后将这些受众当作商品卖给广告

---

① 彭兰.新媒体用户研究：节点化、媒介化、赛博格化的人[M].北京：中国人民大学出版社，2020：2-3.

② 尼葛洛庞帝.数字化生存[M].胡泳，范海燕，译.海口：海南出版社，1996：271.

③ 蒋原伦.媒体文化与消费时代[M].北京：中央编译出版社，2004：98.

商。全媒体智能传播时代,“受众”这一概念已不受学界、业界青睐,取而代之的是“用户”或托夫勒(Toffler)于1980年所预言的“产消者”。①

可以明确地说,当前的融媒体时代,受众的角色已经从过去的单纯“受众”转变为更加主动的“用户”。在这种变化下,用户在媒介行为中呈现出了一些特点,同时也面临着一些问题,这是需要我们去关注的。用户的行为多样化和活跃度均提高,他们不仅是信息的接收者,还是信息的创造者和传播者。与此同时,用户也面临着信息过载、信息不实、隐私泄露等问题,需要更加理性和批判地使用媒体和信息。

在这一背景下,研究用户在融媒体时代的角色和行为变化,探讨用户面临的挑战和机遇,以及如何更好地引导和培养用户的媒介素养和创造力,都是非常重要的。深入研究用户在融媒体环境中的特点和行为,这需要从业者去重点关注,它可以为融媒体的内容生产与传播提供可靠的依据。

一、融媒体时代用户的特点

(一)积极参与的、双向互动的用户

在传统媒体时代,受众接收信息往往是一个被动的过程,媒体或者说传者在信息的制作、加工、发布过程中始终占据主导地位,受众最大的自主权也仅仅是在一定范围内对信息进行一些选择,这种被动接收和被动消费是传统媒体时代非常显著的特点。在这个阶段,受众不掌握参与传播的权利,很大程度上也没有参与传播的技术和机会。但随着进入融媒体时代,互联网和社交媒体的发展赋予了个体更强的参与能力和权利。在传统媒体时代,受众的角色主要是被动接收信息,而在融媒体时代,用户积极参与信息的创造、传播和反馈。在这种情况下,用户参与到整个信息的生产和消费双重工作中去,有的时候既是传播的终点,又能够成为传播的起点。UGC的兴起就是一个很好的

---

① 段鹏,闫伯维.“亚网红”的价值变现:媒介融合背景下青年亚文化的新样态[J].文化产业研究,2020(3):36-47.

例证，用户成为内容的主动生产者，可以发布、分享、评论各种内容，从而形成一个庞大的信息生态系统。

在传统媒体时代，媒体和受众的关系是线性的，专业媒体收集消息并整合内容进行传播，经过传播渠道发送后，受众对于信息的反馈能力少之又少，并且反馈并不能做到随时随地，传者在其中占据绝对的优势。而在当下的融媒体时代，移动互联网技术使即时双向互动成为可能。用户可以随时随地与内容提供者互动，表达意见、提问、评论，也可以与其他用户进行互动讨论，这种即时双向互动改变了信息传播的动态，用户的反馈和参与影响着信息的进一步发展，用户与传播者之间的界限变得模糊。融媒体的用户正从单向线性的受众不断转化为双向互动的用户。

可以说在融媒体时代，用户是积极主动且能参与双向互动的，其地位较传统媒体时代发生了质的飞跃。

（二）个性化、趣缘性的用户

欧文·戈夫曼（Erving Goffman）在《日常生活中的自我呈现》一书中提出了有关于“人性化自我”和“社会化自我”的经典概念。人性化自我是我们人性的本质，它充满了情绪和变幻莫测的经历，而社会化的自我是每个人社会角色的一部分，在这个“自我”中，每个人都会表现出相对稳定的形态，用当下互联网流行的语言来说，我们可以称之为“人设”。在戈夫曼的理论中，“社会化自我”的表演舞台是“前台”，并且其中的符号设备被称为“装置”。①

在融媒体环境中，用户个性化的特征不断增强，互联网以及社交媒体提供的平台让每个人都可以拥有展示自我的“个人门户”，使个性得以彰显。人们在这个平台上展现出自己的兴趣、爱好、观点等，形成自己的“人设”，并通过媒体平台与其他用户分享。这种个性化的展示也为用户形成特定的社交圈子创造了条件。

随着信息内容的不断增多，为了增强自身的竞争力，每一个内容提供者都

① 戈夫曼.日常生活中的自我呈现[M].冯刚，译.北京：北京大学出版社，2022.

在为增强自身的竞争力而不懈努力,提供个性化的内容并且实现精准的分发成为其中的关键一环。传统的大众媒体逐渐向不同垂类的专业媒体发展,内容提供呈现出个性化的特征,通过大数据、算法等方式,媒体或内容提供者可以得到清晰的用户画像,了解喜恶、偏好,实现精准推送,形成以用户为中心的内容呈现,这也是一种个性化的体现。

同时,融媒体时代也带来了趣缘化的用户特点。在传统社会中,因为信息传递的不便利,人们往往是因地缘相近而形成群体,俗话说“老乡见老乡,两眼泪汪汪”,这种以地缘为主的情感联结在很长一段时间内都占据了主流。但在融媒体时代,人与人的联系可以通过网络突破地域限制,基于共同的趣味建立起相投的社交圈子。

社会学家曼纽尔·卡斯特(Manuel Castells)在《认同的力量》一书中指出,网络社会的意义是围绕一种跨越时间与空间而自我维系的原始认同建构起来的,而这种原始认同也同时构造了他者的认同,在网络社会中是“共同体的天堂”。①

在融媒体时代中,人们可以根据兴趣、爱好、专业领域等自由组织和加入各种虚拟社群,与志同道合的人建立联系,从而形成趣缘关系。这种趣缘化的特点使得用户之间的互动更加有深度和价值。

总体而言,融媒体时代的用户更加积极主动,能够参与双向互动,而且呈现出个性化、趣缘性的特点。这些特点不仅影响了信息传播的方式,也在一定程度上塑造了社会交往的新模式。同时,这些特点也带来了许多挑战,如信息过载、隐私安全问题等,需要更加细致的研究和引导。

二、融媒体时代用户面临的困境

虽然融媒体时代为用户带来了诸多便利,但我们也需要保持辩证的态度来对待。信息过载、“信息茧房”、隐私泄露风险、社交媒体焦虑、虚假信息等问题

---

① 卡斯特.认同的力量[M].曹荣湘,译.北京:社会科学文献出版社,2006.

广泛存在于融媒体的环境中，无时无刻不在影响着用户。

（一）信息爆炸与“信息茧房”

在融媒体时代，信息的爆炸性增长给我们的认知空间带来了巨大的挑战。有报告显示，《纽约时报》一周的信息量已经超过了中世纪学者一生所能接触到的信息量；在第五媒体互联网的作用下，我们每天能够接收到的新闻、娱乐资讯、广告营销、科技迭代等信息非常多，已经呈现出指数级的增长。然而，每天产生的海量信息不断累积，个人的信息接收已经严重“超载”，更不用说如何处理海量的信息。

在这种情况下，我们迫切需要培养获取和侦辨信息的能力，判断哪些信息是有价值、可信的，哪些是虚假、无用的。同时，我们还需掌握正确使用媒介的能力，真实、客观地表达自己的观点，发出自己的声音，让虚假信息和谣言没有生存空间，为融媒体舆论创造一个正本清源的传播环境。

在面对海量信息的时候，技术手段能够帮助我们更好地处理这些信息。搜索引擎可以帮助我们快速定位和筛选所需的信息；“抖音”“快手”等短视频平台则会根据我们的浏览记录主动推送我们感兴趣的内容，这一切都看似很“贴心”，但其背后有着复杂的利益纠葛和基于商业利益的算法。“用户”往往被视为简单的“商品”，成为资本争夺的目标，竞价排名和精准营销正盯准融媒体时代的每一位用户，无人能独善其身，百度的“魏则西事件”也不过是冰山一角。算法和精准投放也可能加剧“信息茧房”的问题，使用户更加难以接触具有多样性和广泛性的信息。

“信息茧房”是由美国前总统奥巴马的法律顾问凯斯·桑斯坦（Cass Sunstein）在其著作《信息乌托邦：众人如何生产知识》中提出的，在信息传播中因公众自身的信息需求并非全方位的，公众只注意自己选择的东西和使自己愉悦的通信领域，久而久之，会将自身桎梏于像蚕茧一般的“茧房”中①，社交媒体用户的注意力开始集中于拥有愉悦身心功能的娱乐信息，而非有价值的公共议

① 梁锋.信息茧房（information cocoons）[J].新闻前哨，2013（1）：87.

题,长此以往,用户的认知水平和参与社会治理的能力将快速下滑,导致价值观的迷失。同时,由于个人长期沉溺于自己的兴趣空间,对外界信息的获取逐步减少,很容易产生社会化的失败,个人在舆论场中喃喃自语,脱离了整个社会对于个体的价值要求和行为准则,极易造成个人的沉沦。

(二)“有限理性”与群体极化

诚然,用户在融媒体环境中拥有了前所未有的主动权和选择权,但是用户的理性常常受到地域、家庭、教育背景、生活习惯等多重因素的制约和影响。这种“有限理性”(bounded rationality)使得用户在一个复杂、不确定的环境中做出决策时,其认知和信息获取能力都是有限的。而且,用户的行为往往是在这些因素的制约和影响下被“建构”出来的,会因社会政策、家庭变动、消费水平等的变化而变动。习惯性的媒介使用成为主导,往往并不容易因个人喜好的改变而改变。总而言之,用户并不是随心所欲的,他们受到众多的制约和束缚,有时会被引导和裹挟且不自知。

在互联网空间中,情绪会和在现实空间中一样被发酵放大,引发舆情事件,最终形成较差的社会影响。这种现象往往来源于现实事件的刺激,特别是用户普遍关心的、触及大多数人利益和亟待解决的事件。事件越是热点,群体极化的可能性越大;事件越是难点,群体极化的难度越大。[①] 举例来说,2022 年的“唐山烧烤店打人事件”中,男子无端殴打女子的行为引发了全国人民的不满和指责,该事件迅速演变成群体极化事件。随着舆论的发酵,公共议题讨论逐渐转变为男女性别对立之争,甚至出现了“人肉搜索”、线下“祭奠”等违法行为,这种趋势在融媒体时代被加速放大。有些用户盲目从众,情绪化和狭隘的观点通过“沉默的螺旋”效应被放大,最终可能演化为网络暴力等恶性事件。

在融媒体时代,我们掌握更多的资源,拥有更多的选择,很难说我们不会成为古斯塔夫·勒庞(Gustave Le Bon)笔下的乌合之众,表现得无异议、情绪化、

---

① 史波.网络舆情群体极化的动力机制与调控策略研究[J].情报杂志,2010(7):50-53,69.

低智商。[①] 我们身处其间，不仅是用户更是个体，应该不断提升自身的媒介素养，不要成为自己最不想成为的那一类人。在下一章中，我们将系统学习融媒体从业者应该具备哪些素养和技能，这将是在媒体变革浪潮中能够勇立潮头的关键法宝。

---

① 勒庞.乌合之众：大众心理研究[M].冯克利，译.北京：中央编译出版社，2017.

第四章　融媒体从业者的基本素养与技能

融媒体是媒体融合进程下的产物，是基于传统媒体发展演化而来的。融媒体从业者也是新时代的媒体人，无论从事新闻还是综艺、娱乐领域的工作，都必须坚守马克思主义新闻观，坚持真实性原则；在增强自身基本素养和技能的道路上，首先要用传统媒介素养来充实自己，通过学习历史知识增强自身的历史人文素养，增强自身对艺术的理解、欣赏和创造能力，在广泛的实践中增强动手能力、操作能力，以坚定的信仰、广博的知识和专业的技能，在融媒体的浪潮中勇往直前。

第一节　马克思主义新闻观

一、基本观点

2013年，在全国宣传思想工作会议上，习近平总书记指出，要加快传统媒体和新兴媒体融合发展。2014年，“媒体融合”上升为国家战略。这一时期，媒体融合在体制机制、方法手段、内容产出等方面不断推陈出新。2022年8月，中共中央办公厅、国务院办公厅印发《“十四五”文化发展规划》，明确提出加快推进媒体深度融合发展，打造一批新型主流媒体，建立全媒体传播体系，推进县级融媒体中心建设。推进媒体深度融合、做好全媒体传播体系建设，已经成为“繁荣发展文化事业和文化产业，提高国家文化软实力”的重点任务。

我国的媒体实践是马克思主义新闻观在当今中国化实践的最新成果，而融媒体的体系、理念与实践则是马克思主义新闻观在当代中国的最新写照。习近平总书记在党的新闻舆论工作座谈会上指出：“新闻观是新闻舆论工作的灵魂。要深入开展马克思主义新闻观教育，引导广大新闻舆论工作者做党的政策主张的传播者、时代风云的记录者、社会进步的推动者、公平正义的守望者。”①这显示了马克思主义新闻观在新时代的重要性。

从认识论的角度来看，马克思主义新闻观是马克思主义理论家关于新闻宣传工作的理论和要求，以及中国共产党的新闻宣传舆论事业工作的性质、作用、政策、纪律和要求的总体称谓。从价值取向来看，马克思主义新闻观是马克思主义在新闻传播领域的理论体系，以马克思主义基本原理为准绳，解释新闻传播活动的客观规律，进一步明确了党和人民新闻事业方针政策，是以人民为中心的新闻理论。从实践角度来看，我们要用马克思主义的立场、观点、方法来指导我们的新闻宣传工作及其实践，用批判的、辩证的、务实的方法来正确反映客观世界的存在，推动社会和生产力的进一步发展。

阅读原文是深入学习马克思主义新闻观的重要途径，马克思、恩格斯、列宁等理论家关于报刊和新闻宣传的文献资料形成了马克思主义新闻观的重要来源。这些经典论述包括“报刊的有机运动”“人民报刊”“党性原则”“政治家办报”“党性与人民性相统一”等，这些都是从实践中得来的智慧结晶，指导一代又一代的无产阶级新闻宣传战线开展工作。

针对马克思主义新闻观，我国已有一大批优秀的教材可供参考学习：《马克思主义新闻经典教程》（童兵，2007 年）、《马克思主义新闻思想概论》（陈力丹，2003 年）、《马克思主义新闻传播思想经典文本导读》（吴飞，2005 年）、《马克思

---

① 人民日报记者.习近平在党的新闻舆论工作座谈会上强调：坚持正确方向创新方法手段 提高新闻舆论传播力引导力[J].新闻前哨，2016(3)：1-2.

主义新闻经典论著导读》(郑保卫,2007年)、《马克思主义新闻观理论基础》(刘建明,2009年)等。

马克思主义新闻观的中国化、时代化和大众化是中国特色理论体系的重要组成部分。党的十八大以来,以习近平同志为核心的党中央针对新的媒介技术和传播环境,对新闻舆论工作作出了一系列重要论述,这构成了当代马克思主义新闻观的核心内容,是马克思主义新闻观时代化的体现。

习近平总书记更是高屋建瓴地指出:“过不了互联网这一关,就过不了长期执政这一关。”①“守正创新”是习近平总书记面对世界百年未有之大变局和中华民族伟大复兴中国梦,牢牢把握时代走向提出的发展要求,是对于党的理论创新和实践创新、党的自身建设做出的全新论述。②

“守正”与“创新”是一种互为对立且相辅相成的关系,是对马克思主义唯物论和辩证法的生动诠释。在“守正创新”中,马克思主义新闻观的价值和指导作用得以体现。守正是对传统理论的坚守,创新是对新的媒体技术和新的传播环境的积极探索。这两者相辅相成,共同推动着我国媒体事业的发展。对于融媒体从业者而言,既要坚持传统的价值观和原则,又要紧跟时代的步伐,勇于创新和尝试,只有这样才能在激烈的竞争中脱颖而出。只有通过阅读马克思主义经典文献,深化对马克思主义新闻观的理解,结合新媒体技术的应用,融媒体从业者才能够更好地适应这个快速发展的时代,并在守正创新的基础上为媒体事业做出更大的贡献。

二、守正为本

对于融媒体从业者而言,坚持马克思主义新闻观是“守正”的明确要求。马克思主义新闻观作为一种理论指导,不仅源自马克思主义基本原理,更在实践中不断丰富和发展,是融媒体从业者应当始终秉持的宝贵财富。这种坚守不仅

---

① 中共中央文献研究室.习近平关于社会主义文化建设论述摘编[M].北京:中央文献出版社,2017:42.

② 黄庭满.深入理解守正创新的丰富内涵[J].理论导报,2021(4):53-54.

是为了确保媒体行业的健康发展，也是为了维护社会和谐与推动社会进步。

在当前信息爆炸的时代，新闻传播的影响力愈发巨大，因此，媒体从业者的责任和使命更加重大。坚持马克思主义新闻观意味着从事媒体工作的人需要始终秉持真实、客观、公正、合法的原则，力求传递准确、有价值的信息，同时关注社会公平正义，反映人民群众的呼声和诉求。这种“守正”的原则，不仅有助于提高媒体的信任度和影响力，也能够促进社会的和谐发展。

同时，坚持马克思主义新闻观还意味着要积极传播党的理论和路线方针政策，宣扬社会主义核心价值观，弘扬正能量，传播温暖和感动，净化网络环境，抵制虚假、低俗和有害信息。

“守正”并不仅仅是一种理念，更需要在实际工作中具体落实。在新闻报道中，要避免主观偏见，坚持事实真相；在舆论引导中，要坚持科学的分析，避免情绪煽动；在信息传播中，要严格遵守道德底线，避免虚假和不良内容。这些都是“守正”的实际体现。

（一）坚持党性原则

融媒体从业者必须要坚持党性原则。马克思主义新闻观自始至终坚定地强调其政治立场，宣称新闻的党性。作为融媒体从业者，我们也要旗帜鲜明讲政治，将对党的忠诚内化于心，外化于行。“党和政府主办的媒体是党和政府的宣传阵地，必须姓党。”[①]在融媒体时代，传播主体日益多元，传播形式纷繁复杂，敌对势力和不怀好意者层出不穷，坚持正确的舆论导向尤为重要。党管媒体仍然是领导新闻舆论工作的根本性原则，必须以先进的指导思想为基础，对各类媒体机构进行规范管理。在互联网的喧嚣和浮尘中，融媒体从业者要认识到作为媒体专业工作者的重要使命，推动社会健康发展，所有的工作都需要在党的领导下完成。

坚持党性原则，并不是虚无缥缈地喊口号，这要求媒体从业者必须坚定宣传党的理论和路线方针政策，坚定宣传中央重大工作部署，坚定宣传中央关于

---

① 陈力丹.习近平在党的新闻舆论工作座谈会上的讲话[J].新闻界，2018(2)：99-100.

形势的重大分析判断。[①] 面对反动势力和敌对分子的攻击、抹黑和诬陷，必须果断回应，更要善于回应，这是需要在长时间的融媒体实践中培养起来的能力。

在实际工作中，融媒体在宣传党的政策方针方面大有可为。以建党100周年报道为例，各大主流媒体纷纷用心用情用力，人民日报新媒体中心推出了建党百年主题MV《少年》，将百年风华和新征程融为一体，深受年轻受众欢迎；中国新闻网通过漫画《一幅画，一句话，重温百年大党那些小事》，生动还原了历史场景，突出了典型人物精神，并通过技术手段制作了动漫交互视频展现党的历史；湖南日报·新湖南客户端推出新媒体互动产品《H5 丨我宣誓——打卡红色地标　重温入党誓词》，用“云”重温的方式结合“人类识别”的技术赋能，这种换装打卡拍照互动的方式也在全网刷屏。这一系列的融媒体作品都是在党性原则的指导下创作的时代精品，是对中国共产党光辉历程的致敬，开启了历史新篇章。

（二）坚持以人民为中心

融媒体从业者必须始终坚持以人民为中心的工作导向。中国共产党的宗旨是为人民服务，没有脱离人民性的党性，也没有脱离党性的人民性。我国的新闻传播事业必须树立以人民为中心的工作导向，坚持群众路线，多宣传报道人民群众的伟大奋斗和火热生活，多宣传报道人民群众中涌现出来的先进典型和感人事迹。[②] 新闻传播过程中，坚持以人民为中心意味着关注人民群众的生活、关心他们的困难，宣传报道人民群众的奋斗历程和日常生活。融媒体应该在报道中展现人民群众的贡献和取得的成就，弘扬人民精神，塑造先进典型，鼓舞社会积极向上的力量。以人民为中心就要做到急人民之所急，想人民之所想，在国家重大战略下发挥应有的作用。融媒体从业人员要发挥媒体的社会功能，在党和国家需要的地方绽放光彩。

---

① 习近平.论党的宣传思想工作[M].北京：中央文献出版社，2020.

② 习近平.论党的宣传思想工作[M].北京：中央文献出版社，2020.

2021 年，国家主席习近平庄严宣告："我国脱贫攻坚战取得了全面胜利。"① 这是中国减贫史乃至世界减贫史上的巨大成就，与此同时我国又进一步要求"全面推进乡村振兴加快农业农村现代化"，在从脱贫攻坚到乡村振兴的历史衔接和未来发展中，融媒体也做出了积极的贡献，当下甚至俨然成为农民的"新农具"，越来越多的农民通过全新的接收端售卖农副产品、分享乡村美景、发展乡村旅游。② 在此期间，融媒体发挥创意，利用多种融媒形式，如直播带货、短视频、大型报道等，为人民群众提供丰富的信息和服务，参与国家建设。四川广播电视台联合全省 21 个市州电视台成立了"直播四川联盟"，助力"直播带货"精准扶贫工作开展。四川观察与四川金熊猫新媒体有限公司合作推出了"四处寻找好东东-抗疫助农-直播好物""书记县长拼好货"等多场公益"直播带货"活动。其中，凉山州越西专场直播"书记县长拼好货"带动越西农产品总计销售额突破 840 万元，成为区县特色文化与产品推广的标志性事件。

除了在脱贫攻坚、乡村振兴层面，融媒体在疫情防控、舆论监督、智慧城市建设等生活的方方面面都发挥着重要的作用，为人民群众提供准确、权威的信息，引导社会舆论朝着正确的方向发展。

总之，融媒体从业者要牢记以人民为中心的使命，自觉地承担起引导舆论、宣传正能量的责任，深入基层，了解人民需求，传递人民心声，用优质的内容服务人民，不断提升自身素质和能力，不断推动社会向善向好发展，忠实地履行党的新闻舆论工作职责和使命。

（三）坚持新闻传播基本规律

融媒体从业者必须严格遵循新闻基本规律。马克思主义新闻观对新闻的

---

① 习近平庄严宣告：我国脱贫攻坚战取得了全面胜利[EB/OL].（2021-02-25）[2024-03-01].https://www.gov.cn/xinwen/2021-02/25/content_5588768.htm.

② 段鹏.鸿沟的渐隐：发展传播学视野下的农民参与和乡村振兴——作为"新农具"的三农短视频[J].当代电影，2021（7）：134-139.

真实性、客观性有着明确的要求，如马克思曾提出“一般的公正”①的概念，需要对新闻事件双方都进行均衡报道。习近平总书记强调：“真实性是新闻的生命，事实是新闻的本源。”②

在当前，尽管新闻的内容形式和传播方式发生了巨大的变化，但新闻的基本规律始终没有变。新闻要始终追求真实性，确保报道的内容与事实相符，不虚构、不编造，不为了迎合特定利益而歪曲事实。同时，要保持客观性，即便在评论和分析环节，也应该以客观的态度呈现不同的观点，避免主观偏见的影响。公正性也同样重要，要对各方进行平衡报道，避免偏颇和片面。

当下，我国媒体呈现出巨大的变革样态，在经济利益和混杂信息的干扰下，我们要清楚地看到人民群众虽然对获取准确信息的需求更加迫切，但是对好新闻的评判标准、内核考量没有变，只是在形式上要求信息更具可读性、互动性、表现力。

在实践中，部分媒体一味求新求快，追求点击率和阅读量等指标，一些报道存在失实和编造的成分，这在实质上都是对新闻基本规律的漠视，长此以往会损害媒体权威性和公信力，在舆论场中的话语权也会受到影响。因此，媒体发展绝不能以忽视新闻基本规律为代价。③对此，融媒体从业者应该看到新闻报道带来的巨大力量，要将其合理使用，遵循马克思主义新闻观的要求，确保每一条报道都符合基本的新闻伦理和道德标准。同时，要抵制快速获取点击和关注的诱惑，始终坚守新闻的本质，传递真实、准确、客观、全面的信息，为公众提供有价值的新闻内容。

通过坚守新闻的基本规律，融媒体从业者才能维护媒体的公信力，增强社会的信任，为公众提供高质量的信息服务，推动社会向更加理性、和谐、进步的方向发展。

---

① 中共中央马克思恩格斯列宁斯大林著作编译局.马克思恩格斯全集（第十九卷）[M].北京：人民出版社，2006：495.

② 习近平.论党的宣传思想工作[M].北京：中央文献出版社，2020：187.

③ 张晓红，郑宏民.媒体融合纵深发展的守正与创新[J].传媒观察，2020(1)：18-25.

三、创新为要

马克思主义新闻观由马克思、恩格斯创立，经过了列宁同志的继承发展，随着十月革命一声炮响来到中国。中国共产党领导人坚持以马克思主义新闻思想为理论基础，不断实践和运用马克思主义新闻观指导中国特色社会主义新闻宣传工作，一直在推动马克思主义新闻观中国化、时代化，使马克思主义新闻观不断传承、巩固和壮大，内涵不断丰富，特色更加鲜明，显示出强大的生命力。

从毛泽东同志到习近平同志，每一代领导人都在不同的历史时期对马克思主义新闻观进行了丰富和发展，使其能够更好地适应时代的需求和变化，这是指导融媒体从业者的重要理论基础。郑保卫总结了中国不同时期领导人对马克思主义新闻观的丰富和发展：毛泽东同志对党报性质任务和功能作用做出明确阐释，对坚持党性原则提出明确要求，提出“政治家办报”的重要思想，强调坚持实事求是、深入实际调查研究等；邓小平同志顺应时代需要提出“思想中心”说，站在战略高度强调新闻工作党性原则，注重社会效益，强调新闻工作要坚持把社会效益放在第一位；江泽民同志提出新闻事业应当坚持为人民服务、为社会主义服务的方向，坚持党性原则，坚持“政治家办报”，坚持团结稳定鼓劲、正面宣传为主的方针等一系列观点；胡锦涛同志提出“贴近实际、贴近生活、贴近群众”的新闻工作方针，强调要把提高舆论引导能力放在首要位置，阐述新闻传播要统筹国内、国际两个方面；习近平同志重新定位新闻工作性质地位，系统归纳新闻工作方针原则，全面概括新闻工作职责使命，深入论述新闻改革发展要求，深刻阐释网上舆论工作重要任务，明确提出国际传播能力建设目标，详细阐述新闻队伍建设要求，深刻解读全党动手做好新闻工作思想内涵。①

融媒体作为时代的产物，必须在马克思主义新闻观的指导下不断创新和发展。马克思主义新闻观经过中国化的发展，融合了中国特色社会主义的实践经

① 郑保卫.马克思主义新闻观中国化的历史进程及其理论贡献[J].新闻与传播研究，2018(2)：5-19，126.

验,将马克思主义基本原理与中国国情相结合,强调党性原则、为人民服务、正面宣传等重要观点,更加强调融媒体时代的特点和要求。中国化的马克思主义新闻观是指导融媒体从业者的立身之本、从业之基和成才之魂。融媒体从业者要深刻理解和践行这一新闻观,将其贯彻到实际工作中,始终保持对党和人民高度负责的态度,不断提高舆论引导和信息传播的能力,为社会主义事业的发展和进步发挥积极作用。同时,也要不断学习和适应新的媒体技术和形式,将马克思主义新闻观与融媒体实践相结合,创造出更多适应时代发展的优质内容,为人民提供更多有价值的信息和服务。

第二节 艺术素养与审美鉴赏力

一、基本概念

艺术素养(art cultivation)亦称"艺术修养",指人对艺术的感受、体验、评价和能动创造的能力。艺术素养是"审美修养"或"美学修养"的主要内容,包括对艺术理论、艺术史知识的掌握,对艺术创造、艺术鉴赏、艺术发展规律的理解,以及对艺术的感受力、想象力、判断力、理解力、创造力等。马克思认为,如果一个人想得到艺术的享受,他本身就必须是一个有艺术修养的人①,"对于没有音乐感的耳朵说来,最美的音乐也毫无意义,不是对象"。②

审美鉴赏力简称"鉴赏力",是欣赏、鉴别、判断、评价美丑和审美创造的特殊能力,是审美知觉力、感受力、想象力、判断力、理解力、创造力的综合。西班牙格拉西安·伊·莫拉莱斯(Gracian y Morales Baltasar)在《案头预言家》一书中最先提出研究人的鉴赏力问题,认为它同判断一样是人的特殊的理性的能力。法国布瓦洛、狄德罗等人认为它是建立在理性基础上的以认识的逼真性、

---

① 马克思.1844 年经济学哲学手稿[M].北京:人民出版社,2014.

② 朱立元.美学大辞典(修订本)[M].上海:上海辞书出版社,2014.

合理性、明确性为特征的理智能力。英国夏夫兹博里、哈奇生等人认为它是天生的，是人的“内在的眼睛”“内在感官”，即心灵的能力。博克等人认为它是人的生理感官的知觉力，与理智活动无关。德国康德认为它是与同情感结合在一起的无利害感的主观判断力，决定着美的存在。黑格尔认为它是感性与理性的统一，人将自己的生气、生命灌注于对象，从对象中达到自我实现，由此才能以高度鉴赏力去认识美。审美鉴赏力是人所独有的一种特殊能力，它来自长期生活实践、审美实践、艺术实践和社会、历史、文化、艺术等方面的知识积累，具有特定时代的社会历史内容，不同时代、民族的人和具有不同思维能力、知识积累、文化艺术素养的人，具有不同的审美鉴赏力。审美鉴赏力既表现于审美感性直觉的敏锐性，分析、综合、判断、理解等理智活动的深邃性，又表现于联想、想象、情感活动的能动性、创造性，是感性与理性的统一、认识与创造的统一。它是迅速、完整、深刻地把握事物审美特性和创造审美意象的必要条件，是创造美与艺术的必要前提。①

二、提升艺术素养与审美鉴赏力的必要性

在融媒体时代，内容融合了文字、图片、音视频等形式，以视听作品的形态呈现在广大受众、用户的面前，以影像化、艺术化、大众化的表达方式，从时间、空间、价值等多重维度，在融媒体平台上进行传播，这就要求视听作品兼具思想性和艺术性。

即使是一篇新闻报道，在保证真实性的前提下和客观条件允许的情况下，也需要讲究画面和声音符合审美。这意味着，融媒体内容不仅要传递信息，还需要具备艺术性和审美性。因为当今时代的内容生产不仅是要讲究真实性，更是要通过美的视觉和听觉表达方式来引发观众的情感共鸣和思考。

融媒体从业者在创作和生产内容时，需要拥有敏锐的美感观察力，能够从日常生活中挖掘出美的细节，并巧妙地将其融入视听作品中。同时，他们也需

① 朱立元.美学大辞典(修订本)[M].上海:上海辞书出版社,2014.

要具备一定的艺术素养，能够运用音乐、画面、色彩等要素，记录或创作出引人入胜的内容，让受众在欣赏的过程中获得审美愉悦。

融媒体的发展已经将媒体推向了一个更加多元化和体验化的领域，要求从业者不仅要具备丰富的专业知识和技能，还要有创意思维和审美能力，以满足受众对于美感和艺术性的需求。通过美的方式来呈现内容，从业者能够更好地引导受众的情感和思考，创造出更加深入人心的视听作品，同时也为中国故事的传播增添更多的吸引力。

（一）从艺术生产角度

习近平总书记在文艺工作座谈会上对艺术创作生产提出了新的要求："必须把创作生产优秀作品作为文艺工作的中心环节，努力创作生产更多传播当代中国价值观念、体现中华文化精神、反映中国人审美追求，思想性、艺术性、观赏性有机统一的优秀作品。"①

艺术生产作为精神生产，是一种感性客观的、有目的的、对象化的实践，通过创作者对于主题的思考和情感的表达，将观念、情感、审美等内在要素通过具体的形式呈现给受众。融媒体的内容生产同样是一种艺术生产，通过静态、动态、交互等多种形式的融合，向用户传递信息、情感和价值观念，推动社会主义精神文明建设和社会主义核心价值观的传播。

融媒体从业者在内容生产过程中扮演着主导者、引导者和创造者的角色，为了创作出思想性、艺术性和观赏性有机统一的优秀作品，他们需要具备艺术的才能，掌握相应的艺术技能，具备丰富的艺术修养，能够通过创造性的劳动来满足受众的审美需要。

尤其在当前网络文化泛滥的背景下，融媒体从业者需要坚守艺术理想，接地气但不被低俗、低级趣味的需求所左右，保持创作的宗旨和崇高性，才能创作出具有积极社会价值和影响力的优秀作品。

---

① 习近平.在文艺工作座谈会上的讲话[M].北京：人民出版社，2015.

(二)从艺术的审美角度

互联网时代的到来,不仅使人们的审美对象发生了转移,由传统媒体转向了互联网,而且构建了一个新的社会文化形态,使得互联网构建的虚拟世界成为人们文化生活的重要组成部分,网络艺术和审美方式逐渐成为影响人们了解世界、理解世界的主要因素。融媒体作为传统媒体与互联网相结合的产物,兼具传统媒体的传播力和互联网的互动性,为审美体验和艺术传播带来了全新的可能性。

互联网带来了审美多元化的现象。互联网为人们提供了开放的平台和自由探索的空间,使艺术作品得以更广泛地传播和分享。多元化的艺术作品让人们能够从不同角度、不同文化背景中汲取艺术的营养,丰富审美体验。基于互联网发展起来的融媒体,进一步推动传播与共享多元化的艺术之美。

同时,互联网也在一定程度上改变了审美主体的定位。互联网艺术的审美主体还是现实世界的人,但是,人们不再局限于现实世界中的审美体验,还可以在虚拟世界中进行审美活动。通过人工智能(AI)、增强现实(AR)、虚拟现实(VR)等技术,人们可以在数字环境中创造、共享和体验艺术。这些技术的运用使得艺术作品更具交互性和沉浸感,拓展了审美体验的边界。

总的来说,互联网时代的到来赋予了艺术和审美更大的自由度和多样性。融媒体的发展则进一步丰富了艺术内容的呈现方式,让人们在虚拟和现实的交错中获得更为丰富、多元的审美体验。这种全新的艺术和审美模式正在引领文化传播和社会发展的新潮流。

三、提升艺术素养与审美鉴赏力的途径

在融媒体时代,融媒体从业者的世界观、人生观、价值观的正确塑造变得尤为重要。这些观念不仅在思想、价值取向和行为方式中体现,还贯穿于个体的心理状态、道德观念、艺术趣味以及审美能力之中。因此,融媒体从业者的三观的正确性将直接影响其创作的融媒体产品的性质与品质。

培养正确的审美趣味很关键,融媒体从业者应当努力做到既能欣赏美,又能理解和分析“丑”。艺术作品中既有美,也有“丑”。艺术作品所呈现的“丑”并不是现实世界中的丑陋,而是为了凸显美的存在和艺术比较所需的。但要避免以审“丑”为乐,艺术不应以“丑”为美,更不能将丑陋视为值得骄傲的元素。长期流连于“丑”中,会影响审美趣味。提高审美感受能力,将对艺术的欣赏与理解融为一体,有助于维护身心健康。

当前,融媒体内容和产品丰富多样,但一些内容低俗和偏离价值观的作品依然存在。这些“丑”的存在是因为那些以丑陋为美的意识在发酵,偏离了方向的精神根基在影响。因此,融媒体从业者要着力提高艺术鉴赏能力,分辨清楚艺术作品中哪些是“丑”,哪些是丑陋。

学习和传承中华美学精神也应成为重要任务。无论是传统艺术还是网络艺术,它们的精神根基都是一致的,离不开本国、本民族的美学精神,这种精神赋予了作品深刻的文化内涵,使其具备独特的魅力和影响力,否则就是无源之水、无魂之体,难以产生深沉优秀的精品力作。任何一种艺术形态,都要遵循艺术规律,以真善美为出发点,发现和挖掘身边的温暖和感动,传播积极向上的“正能量”,真正做到讲究思想精深、艺术精湛、制作精良,能够体现时代风貌、时代成就、时代精神,彰显信仰之美、崇高之美,提升人们的精神境界、思想境界、审美境界,只有继承和弘扬民族传统的美学精神与精髓的艺术,才能真正成为人民的艺术、民族的艺术和国家的艺术。

第三节　文案写作能力

在内容生产领域,优秀的文字功底是一切工作的基石,不仅在创作过程中至关重要,也在职业生涯的各个方面发挥着关键作用。无论是撰写策划案、总结报告,还是撰写文章、制作视频,都需要精彩、吸引人的标题和生动的文案。这样的文字功底不仅有助于清晰表达事物,更能讲述引人入胜的故事,为信息传达奠定扎实的基础。文字功底的优越性不仅影响创作的品质，还影响沟通表达的效果以及对各类信息的准确理解。哪怕起草一份调研、采访的邮件、信函，也需要扎实的文字功底才能表达准确的意图。

无论是图文、音视频、H5，还是VR、AR、XR呈现的作品，文案都是创作的起点。图文报道通过文字讲故事，照片也需要文字阐述背后的情景，音视频、VR、AR、XR作品都是以不同的形式呈现创意文案的内容，也离不开文字的辅助表达。

许敏玉、于笑寒在“智媒时代文案写作进阶之路”一文中提出，移动互联网改变了人们原来阅览的习惯，图片和短视频成为受众喜爱的广告表达形式。[①] 自媒体的蓬勃发展降低了广告生产的门槛，人们可以自己制作、生产、发表广告，5G时代更是为短视频广告提供了前所未有的发展空间。但新媒体时代并不是对文案“写作”基本功的终结，如果我们改变思考角度，就会发现短视频广告也并非“万能钥匙”，短视频广告中的图片和视频元素通常比较偏向娱乐化，视频时长又比较短，如果广告需要传递更多的内涵，短视频广告就会显得“力不从心”。此时文案写作就可以发挥文字准确化、逻辑化的表达优势，以文字的“不变”应媒体的“万变”。

在信息爆炸的时代，各种各样的信息充斥在人们的日常生活中，你的作品如何引起关注？是否能够成为爆款？文字具有重要影响。它能够适应不同形态媒介，尤其是富有吸引力和真挚情感的文案，更能够打动用户和受众的心，抓住他们的思绪，唤起他们的兴趣，引发他们的共鸣，引导他们的思考，收获他们的关注、点赞、转发。

总之，无论是在创作还是在传达信息时，优秀的文字功底都是至关重要的。它是有效表达思想、吸引关注、传递情感和启发思考的桥梁，对于融媒体从业者而言，不仅是提升个人素质，也是确保创作和传播成功的关键要素。

在融媒体环境中创作，从业者仍然需要培养良好的文案写作能力，具体来

---

① 许敏玉，于笑寒.智媒时代文案写作进阶之路[J].新闻与写作，2020(6)：110-112.

说,从以下两个方面入手。

一、起标题

常言道:文章的标题是文章的灵魂,是读者打开文章的第一眼。一个好的标题相当于成功了一半,能够起到事半功倍的效果,能够加深受众对内容本身的印象,使内容实现"提质增效"。

然而,对于"标题党",我们应该旗帜鲜明地反对。什么是"标题党"?如果内容没有足够好,仅仅依靠标题吸引大家点击进来,从而引发内容与标题不匹配的情况,那么这便是"标题党",这会透支用户的信任,降低内容的可信度,进而影响媒体的公信力。因此,标题不仅要精彩,内容也必须精益求精,只有标题与内容兼具高质量,才能塑造出出色的文案作品,为融媒体传播贡献精彩且有价值的内容。

◆案例:《广春 34 年,她的故事里有你》

我带的创作组同学们想报一个关于广院之春的选题,但是他们认为自己没法取得核心资源,校学生会宣传部也已经在做相关报道,从各方面来说,自己都不具备采写的优势条件,所以有点想放弃。我当时跟大家说的是:为什么要放弃?广春是每年春季校园活动中最引人注目的活动,如果只是等到广春最后总决赛的时候发布一条谁进 10 强的报道,那没有什么新意。广春是中传历史最为悠久的活动之一,这些年来培养了诸多春晚导演、摄像、灯光、录音、节目主持人等,这是多么有特色的实践教学活动啊,值得被记录。

那一年正好是广院之春第 34 年,即使 34 年不像 30 年、40 年这样,并不是一个大的节点。我说:"既然你们要做这个选题,可以去做回顾历史,去采访每一代经历过广春的人他们的想法,所以不要再去向广春的组委会要什么资源了,我们自己去给自己开拓资源。"

当时组里大概组织了 10 个同学一起创作,这些同学非常给力,他们找到了非常多的校友,校友再推荐校友,于是我们找到了很多被访者,并梳理出来了很多文字。前后的采访录音扒词有8万多字,有非常丰富的故事素材,但是学生们完成的初稿问题却不小！这个培养了诸多优秀的导演、灯光师、音响师、舞美工作者、主持人的历史悠久的学生活动,居然被写成了一个广院“哄台”史,大篇幅描写了比较过度的扔鞋、扔西红柿的疯狂现象,而且还充满了对这种乱象消失的惋惜,整个基调是不对的。

我之所以生气,是因为这个活动明明有很多值得总结的经验,最终却被写成一个“哄台”史。学生们说:“大家都是这么说的,那我就这样写了。”我说:“你们前后采访了好几十位校友,大家可能想到的首先会是这一点点自己疯狂的青春时代,但是这8万多字里一定有非常多的令人感动的内容,而不仅仅是‘哄台’这一点。”

“另外,极个别的人并不能代表那个时代,我所认识的八九十年代的广院人,无论是当年还是现在,很多都是非常朴实的,兢兢业业地在一线工作,并不是你们描述的那个时代都是‘长发及腰的大帅哥’。你们把其中一个点概括成为一个面,何以对得起那个时代的师哥师姐们。”

同学们觉得稿子似乎有问题,但就是改不过来。后来我强行让大家回去重新去看扒词,结果前前后后一共改了六七个版本。最后一个版本的文字开始1万字,经过删减,最后成文是6000多字。稿子介绍了非常多有价值、有意义的内容,能够折射出广院之春这个活动给予一代又一代同学们的滋养。

快到发稿的时候,题目还没定下来。创作组的同学们一直在头脑风暴,但也想不出来。我在审稿时觉得最开头少一段话,于是写下了“无论是过去的北京广播学院,还是今天的中国传媒大学……”,写完这段话后,我就想到了一个题目:“广春34年,她的故事里有你”。

其实这是说给所有在看这篇报道的中国传媒大学(北京广播学院)的校友的,也是说给我自己听的,因为我的本科和研究生生涯都是在这里度过的。我们每个广院学子几乎都无法绕开“广院之春”这个活动,不管是做观众还是做选手。所以我才想说:“广春 34 年,她的故事里有你。”

其实直到发稿的时候,我对这个题目都不是特别满意,但是这篇文章发出去之后很快就成为爆款,快速成为当时该微信公众号上有史以来点击量最高的一篇文章。

我在海外定居的同学看到这篇文章之后,把这篇文章发给我,说非常想念大家,看这篇文章的时候仿佛回到了当年。人都会回忆和怀念自己的青春和一起度过那段时光的人,所以这个题目才能瞬间引爆大家的回忆。

(https://mp.weixin.qq.com/s/VeR3XQheAFe3kdq0gFS2fg)

二、写文案

“大选题小切角”:无论选题多么宏大,都要从细微之处着手,使整体内容更具深远意义。在创作过程中,选择大的选题要具备广阔的视野,而在选择小的切角时则需有独特的亮点,从小处窥见大局,使创作的主题更具深度和广度。

◆案例:《方舱医院的 800 块拼图》

《方舱医院的 800 块拼图》这个题目本身好。在这里,我们主要从文案来分析。这是那个时期最大的选题。“建成 34 年的武汉市洪山体育馆,第一次成为一家医院。”新闻点有了,“第一次成为什么东西”。接下来是显著性,“这个迎接过小虎队、李宗盛、NBA 明星队等名人的地标,近一个多月最多同时容纳了近 800 名患者”,所有符合新闻要素的点在第一段里全部有了,这里点出了这篇报道的“小切口”,800 块拼图对应在方舱医院的 800 个人物。第二段“落到身边的你我他,我们身边的普通人”,“48 岁的张兵曾送女儿到这里学游泳,还曾作为保安维持克莱德曼钢琴音乐会的秩序。他对体育馆很熟悉,但他从没想过,自己有一天将作为患者在这里生活 15 天”。文章中找的人物非常好,有典型性,也有贴近性,他是我们身边的一个普通人,也是普通人里不普通的人,符号性的人。

这篇长约8000字的报道有非常清晰和符合逻辑的结构，报道分为5个部分：相遇、磨合、生活、奉献、再见。这样的结构一目了然，就像人的骨骼、骨架一样，有了非常清晰和立体的结构，文案才能立得住，成为一个整体，才不会是一盘散沙。

接着，涉及文案主体的部分就是语言文字，文章的语言要通俗易懂，准确生动，恰当地使用修辞，而不要堆砌华丽的辞藻，同时所描绘的形象要够丰满，尽量去找一些新颖的形式，使文案具有强烈的艺术感染力。“2020年2月3日，洪山体育馆成为首批被改建为收治新冠肺炎轻症患者的方舱医院，它是武汉市计划或已经建设的32家方舱医院之一，这座人口超千万的城市，累计已有5万人确诊新冠肺炎。仅洪山体育馆方舱医院，就有来自河北、辽宁、湖南、青海、广西等地的援汉医疗队进驻。在这个寒冷的冬日，先后有上千名患者挤进这片屋檐，开始了‘床挨着床’的群居生活。”这是非常有温度的文字。

此外，在使用语言文字时，一定要注意专有名词，要使用官方的说法，而不是含糊的说法，文字内容要注意来源和出处。现在很多网络用语更偏向简短、概括性的非精确表述，但是，作为从业者在创作基于网络传播内容的时候，不能被那种大概的意思、模棱两可的表述所影响，需要严谨、精确地用词、用语。

文案可以利用技术延展文字本身的魅力，技术也需要文案保证智能化传播链条的闭合，二者需要互相成就。在数字媒体时代，大数据分析、人工智能、AR、VR等各种各样的新技术层出不穷，文案写作人员也需与时俱进，融合使用这些技术，思考文案在新媒体传播环境中的新功能和新作用，实现创意的迭代。

以虚拟现实技术为例，AR与VR的出现实现了用户与虚拟场景的交互，带给用户沉浸式的体验。虽然文字形式相对单一，本身没有很强的体验性，但这并不等于说文案传播无法借助AR、VR技术。2020年春节期间，支付宝的集五福活动按时上线，受众可以寻找福字并AR扫福。与此同时，支付宝开启了全新的“五福开放”模式，与中国移动、安慕希、兴业银行等诸多品牌合作，组成了“新春福气招牌”，同时推出系列海报，以“一家人、全家福”为主题，为品牌打通线上线下的互动场景，更全面地演绎了“福”的概念。

在这个活动中，广告文案“福”字是广告传播中的重要因素。技术上，文字识别技术可行性强于图片和视频识别，文字AR的采集更方便；内容上，“福”字意义清晰准确，高度概括了受众春节期间的心理状态；形式上，文案“福”字形式简单，但内涵丰富，比较容易被合理应用到各类广告作品中。支付宝与其他品牌共同组成的系列海报中，文案“福”字贯穿其中，成为有机连接所有广告作品的一根红线，这充分说明智媒时代文案的功能和作用会发生不同程度的改变，文案写作的内涵也需要积极拓展，适当延伸。

（https://mp.weixin.qq.com/s/jsiA70MZWyCVlc_WAPXe8A）

第四节　视听语言运用能力

不同的艺术门类各自拥有独特的语言构建方式。以同一个主题进行创作，雕塑家会选择黏土、不锈钢、玻璃钢等材料，创造具有触感和立体感的雕塑作品，通过材料的质感、形状的雕琢以及空间的布局，传达出特定的情感和意义；文学家则会运用报告文学或诗歌的形式来组织文字表达，通过真实的叙述或抒情的表达，深入挖掘主题的内涵，让读者产生共鸣；影视艺术家则会通过声音和画面来传达主题内容，他们可以通过画面的构图、音效的运用和演员的表演来展现情感和故事发展，创造出沉浸式的体验，从而引发观众的情感共鸣。

不同的艺术门类创作方式各有特点，但都旨在将主题内容以最具表现力和感染力的方式传达给观众。每种艺术形式都有其独特的语言，用来表达情感、思想和传达意义，使主题更加生动和深刻。

一、视听语言基本概念

视听语言是利用视觉和听觉的双重作用，向受众传播信息的一种感性语言,是电影、电视、互联网利用声画组合来表达情感、思想和传达意义的方法及艺术手段。

视听语言由听觉元素和视觉元素共同组成。这两个元素相互配合,共同创造出观众所感知的完整画面,使得内容更加生动有趣,情感更加深刻,传达的意义更加丰富。通过声音和图像的融合,视听语言可以产生更强的冲击力和感染力,更好地引导观众情感,增强传播效果。

- **视听语言**
  - **视觉语言**
    - 光线、影调、色彩
    - 构图、景别、字幕
    - 拍摄角度
    - 固定镜头、运动镜头
    - 长镜头、蒙太奇
    - 场面调度、音画关系
  - **听觉语言**
    - 音乐
    - 音响、音效
    - 对白
    - 解说

图 4-1　视听语言(一)

融媒体是基于传统媒体发展起来的,融媒体从业者需要深刻理解和掌握视听语言的原理和技巧,以便在不同媒体平台上更好地创作和传播内容,从而实现更具有吸引力和影响力的传播效果。

在视听语言体系中,以下几个部分,具有不同的表现专长。

画面语言是通过图像、视觉元素来传达信息、情感和意义的部分。它能够给受众带来直观的感受,通过视觉上的元素如场景、人物、道具等来传达故事情节、氛围和情感。画面语言的内容信息量较大,能够一目了然地表现形态,从而引起观众的共鸣和理解。

文字语言是通过书写的方式传达信息和情感的部分。在影视作品中,文字语言常用于剧本、字幕、对白等形式。它可以为受众提供准确的信息,具有明确的语境性和严密的逻辑性。文字语言能够帮助观众更好地理解故事情节和人物关系,同时也是表达角色心意和思想的方式之一。

音乐语言是通过声音和音乐来表达情感和氛围的部分。音乐能够烘托气氛，加强观众对情感的共鸣，同时也能够为影视作品增添情感层次和戏剧性。音乐语言可以通过节奏、旋律、音调等元素来传达不同的情绪和感觉，为观众营造更加深刻的观影体验。

音响语言是通过声音效果来增强画面效果和氛围的部分。它可以通过环境声、人物声音、特效声等方式为观众创造更加真实的听觉体验。音响语言在影视作品中能够营造出具体的场景和情境，让观众更加身临其境地感受故事的发展和情感的变化。

视听语言
- **画面语言**——直观　一目了然　信息量大　表形
- **文字语言**——准确（有明确的语意性、和严密的逻辑性）表意
- **音乐语言**、**音响语言**——概括　气氛　情绪　形象（表情、表实）

图 4-2　视听语言(二)

通过这四个部分的组合和协同，新闻视频、电视剧、纪录片、电影等作品能够以更加丰富多彩的方式向受众传递信息、表达情感，从而实现更深刻的意义传达和艺术表现。在融媒体时代，融媒体从业者需要掌握这些语言，综合运用这些语言元素，创造出更具有创意和吸引力的视听作品。

视听语言的各个部分各有所长，谁都不能代替谁，它们之间要有机、协调、巧妙地配合，而不是随意的相加，更不能堆砌或拼凑，最终的目的是表现主题思想、塑造人物形象、讲述人物故事。

融媒体时代，视频大行其道，但是视频创作的规律也是从电视媒体时代演进而来的，如果再往前追溯到电影创作规律，也有许多地方是共通的。影视艺术是画面与声音有机结合的整体。如果只有满足视觉的画面，没有声音，那么影片无论从生理还是心理上都无法让观众满足。声音既有具体可感性，同时也

具有概括性。它不仅是简单地解释画面，同时还可以作为剧作因素，有效地传达内容和情绪，赋予影片新的意义。在影视创作中，创作者们通过分析、选择、提炼生活中的素材，加以艺术处理，创造出与画面内容、动作、情绪相称的具有特殊含义的听觉形象，成为银幕或荧屏形象的重要组成部分。可以说，在影视艺术中，声音与画面、声音与声音之间的关系是影视艺术创作中要重视的关系，他们相辅相成，相互影响，最终相得益彰。

综上所述，视听语言在影视创作中扮演着至关重要的角色，对于融媒体时代的视听创作同样如此。它通过画面和声音的有机结合，让用户深入情感世界，沉浸在故事情节中，创造出令人难以忘怀的艺术体验，画面和声音相互配合，成功传达情感和意义。

二、数字技术与视听语言

当前，随着数字技术的迅猛发展，影视艺术正处于一个全新的时代。传统的影视制作模式和工艺正在发生翻天覆地的变化。数字技术不仅影响着影视制作的方式，而且深刻地改变了创作思维，影响着现代影视创作者讲故事的方式。从数字技术与影视艺术结合的那一天起，无论是故事的走向、影片的风格、结构与形式、镜头语言体系，还是影片承载的内容、现实与幻想之间的转换，都以一种全新的方式出现，并充分地扩展了影视艺术创作范围，增加了前所未有的表现力。

融媒体时代的内容产品由文字、图片、音视频等元素构成，创作方式基于影视艺术。数字技术为影视艺术带来了许多革命性的变化，也在深刻影响着融媒体内容产品生产。通过数字绘景、数字动作捕捉、数字虚拟演员以及数字后期特效等手段，影视创作者能够创造出摄像机难以拍摄的画面，打造出令人叹为观止的视觉效果。同时，数字音频技术和音频合成技术也使得影片中的声音能够更加逼真，带来丰富的听觉体验。由数字技术参与的创作，不仅能够对客观现实进行高度仿真，甚至能够超越真实，将传统语境下只能停留在想象层面的虚拟画面和声音一一呈现,这极大拓展了影视艺术的表现空间和艺术张力,而且突破了传统影视中真实拍摄、真实录制和真实对象的限制,创造虚拟的人物、景物、环境和音响、音效,大大拓展了影视艺术的时空呈现方式。

此外,数字技术还对剪辑手段进行了革命性的创新。数字技术下的剪辑突破了传统意义下的剪辑形式和思路,剪辑的精确程度可以达到画面的一个像素、声音的一个波形,能够实现无缝剪辑和精确到像素级别的处理,使得影片的叙事更加精准和流畅。这种新的剪辑手段重新探索了蒙太奇理论,拓展了影视创作的表现手段和方式。

学习使用视听语言,不仅需要掌握具象的声画思维方式,同时还需要熟练掌握各种工具和技术,如摄影、摄像、剪辑、录音等,即把视听思维、技术手段及意念表达相融通,以求达到"观念—技术—表达"互动的境界。

归根结底,影视艺术的创作本质就是视听语言构思、选择、组合的艺术意识与专业能力,付诸作品创作实践的操作流程。但是,数字技术正在重新定义影视艺术的创作方式。数字时代的影视创作,不仅是创意和技术的融合,更是一种全新的思维方式和创作哲学的体现。

第五节 软硬件操作技能

作为融媒体从业者,软硬件是我们开展生产、创作的工具,是我们进行艺术创作的"画笔",是我们表达思想和创意的媒介。随着时代的发展,技术的快速进步带来了平台和手段的革新,无论是在 PC 端还是在移动端,融媒体从业者都能找到适合自己需求的硬件和软件。无论是专业级的视频剪辑软件、平面设计工具,还是用于移动端的各种应用,都为我们的创作助力。从个人角度,以下软硬件是融媒体从业者需要熟练使用的。

一、软件操作技能

(一)图片处理软件

1.Adobe Photoshop

Adobe Photoshop 是 Adobe Inc.为 Windows 和 macOS 开发和发布的光栅图形编辑器。它最初由托马斯·诺尔(Thomas Knoll)和约翰·诺尔(John Knoll)于 1988 年创建。从那时起,该软件不仅成为光栅图形编辑的行业标准,而且成为整个数字艺术的行业标准。Adobe Photoshop 可以在多个图层中编辑和合成光栅图像,并支持蒙版、Alpha 合成和多种颜色模型,包括 RGB、CMYK、CIELAB、专色和双色调。Adobe Photoshop 使用自己的 PSD 和 PSB 文件格式来支持这些功能。

图 4-3　Adobe Photoshop

在日常生活中,Adobe Photoshop 常被用于平面设计、广告摄影、图片修复、图像后期等领域。它不仅为创作者提供了强大的图像编辑和合成能力,还为他们创造出独特的艺术作品和设计项目提供了广泛的可能性。无论是编辑照片、设计海报、制作广告还是创建数字艺术作品,Adobe Photoshop 都以其丰富的功能和灵活的工具,成为创作者不可或缺的创作伙伴。其界面直观友好,使得初学者和专业设计师都能够高效地运用其强大功能,实现创意的表达。

总的来说,Adobe Photoshop 作为图像编辑领域的巨头,是数字时代不可或缺的工具之一。

2.Lightroom Classic

Lightroom Classic 是一款带有完整工具箱的软件,它包含了多个模块,每个模块都专门针对摄影工作流程中的特定环节,以帮助摄影师高效地处理和管理照片。

图库模块用于导入、组织、比较和选择照片。在这个模块中,用户可以将照片从相机或其他设备导入图库中,对照片进行标记、分类、关键词标注和评级,以便于快速找到和管理照片。用户还可以在图库模块中进行照片的比较,选出最佳的照片作品。

修改照片模块用于调整照片的颜色、色调和曝光等参数,以及进行其他创造性的处理。在这个模块中,用户可以使用各种工具和调整选项来优化照片的外观,使其达到预期的效果。这包括对白平衡、曝光、对比度、色彩饱和度等参数的微调,以及应用滤镜、修饰工具等来实现照片的艺术化处理。

此外,Lightroom Classic 还提供了幻灯片放映模块、打印模块和 Web 模块。幻灯片放映模块允许用户创建照片幻灯片演示,以展示他们的作品;打印模块则允许用户根据自己的需要,将照片输出为打印品,如相册或海报;Web 模块则可以帮助用户将照片发布到网络上,方便与他人分享。

图 4-4 Lightroom Classic

在使用 Lightroom Classic 处理照片时,需要按照以下步骤进行操作。

选择照片:首先,在图库模块中选择要处理的照片。可以从相机或其他设备导入照片,然后在图库中进行标记、分类、关键词标注和评级,以便于快速找到和管理照片。

选择模块:在图库模块中选择完照片后,可以通过点击位于 Lightroom Classic 窗口右上角的"模块选取器"来选择要进入的模块。不同模块用于不同的任务。

编辑照片:如果要对照片进行编辑,选择"修改照片"模块。在这个模块中,可以使用各种工具和调整选项来优化照片的外观。可以调整颜色、色调、曝光等参数,也可以应用滤镜、修饰工具等进行创造性的处理。

打印照片:如果想要将照片输出为打印品,选择"打印模块"。在这个模块中,可以调整照片的布局、大小、边框等参数,然后将照片输出为打印品,如相册、海报等。

屏幕幻灯片放映:如果希望以幻灯片演示的方式展示照片,选择"幻灯片放映模块"。可以设置幻灯片的播放顺序、速度,选择音效等,然后进行幻灯片放映。

创建 Web 画廊：如果想要在 Web 上展示照片，选择“Web 模块”。在这个模块中，可以选择模板、样式，自定义照片的布局和外观，然后生成一个用于网页展示的照片画廊。

通过在不同的模块中进行选择和操作，用户可以根据需要对照片进行管理、编辑和展示，以实现创作和表现目标。Lightroom Classic 的模块选取器和功能丰富的工具集使得处理照片变得高效且有趣。

Lightroom Classic 是日常整理和优化图像的首选应用程序。无论是对于一幅图像、一组图像，抑或是一个大型图库，它都可以协助摄影师更快、更高效地处理照片。Adobe Photoshop 是一款功能强大的图像处理软件，适用于对单张图像进行深度编辑，以及进行图像合成、修复、创意设计等任务。它更加适用于对单一图像进行精细调整和创意加工。

3.基于手机的轻量化图形图像处理软件

在当今的创作和应用环境中，我们越来越认识到，在制作封面图、海报或对照片进行修饰等任务中，更加轻量化的工具变得至关重要，以适应融媒体创作的快节奏。因此，美图秀秀、醒图、Canva 等软件和网站正在逐渐成为融媒体生产中常用的工具。

这些软件通常包含“人像处理”“滤镜应用”“编辑功能”“创意设计”等不同的模块。在用户眼中，每个软件都有其独特的专业分工，例如，美图秀秀在美化人像方面表现出色，而醒图拥有丰富的模板和贴图资源，为设计添加多样性。因此，有时候我们会将照片先在美图秀秀中进行人像优化，然后将其导入醒图中，以添加更多的效果和元素。

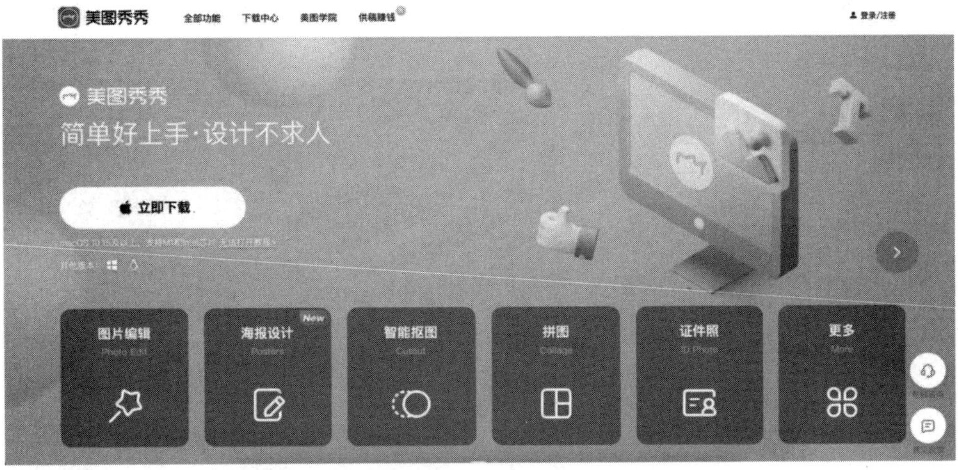

图 4-5　美图秀秀(一)

图 4-6　美图秀秀(二)

(二)音频处理软件

1.Adobe Auditon

Adobe Audition 是一款专业音频编辑软件,旨在提供音频混合、编辑、控制和效果处理等一系列功能。它为用户提供了强大的工具,用于处理音频内容,无论是音乐制作、广播制作还是视频后期处理等领域。

图 4-7　Adobe Audition（一）

Adobe Audition 具备广泛的功能，可编辑单个音频文件，也能创建多轨音频文件，可提供灵活的工作流程，使用简便。该软件被广泛应用于录制音乐、无线电广播和录像配音等领域。

具体来说，Adobe Audition 允许用户录制、编辑和混合音频片段，提升音频品质。它为制作播客提供了方便的工具，支持修复和复原音频，从而让用户能够清晰地录制声音，减少噪声和杂音。无论是音频编辑还是音效处理，Adobe Audition 都为用户提供了丰富的选项，使得他们能够创造出高质量的音频内容。

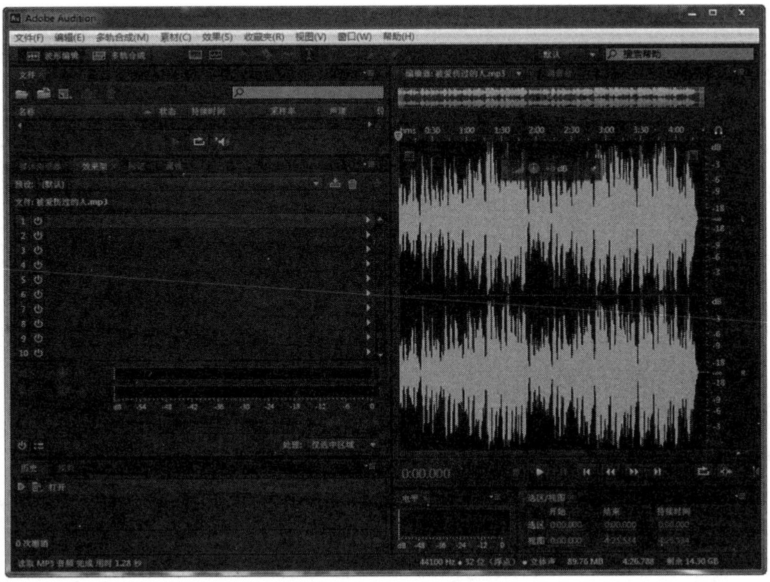

图 4-8　Adobe Audition(二)

2.Audacity、Sound Studio

Audacity 是一款免费开源的录音和音频编辑软件,具有简洁明了的界面和强大的功能,可导入 WAV、AIFF、IRCAM、MP3 及 Ogg Vorbis 格式文件,并可以满足大部分音频处理需求,如剪裁、贴上、混音、升/降音以及变音特效、插件和无限次撤销操作。此外,Audacity 还内置了载波编辑器,使用户可以更精细地编辑音频。同时,这款软件支持 Linux、macOS、Windows 等多环境。

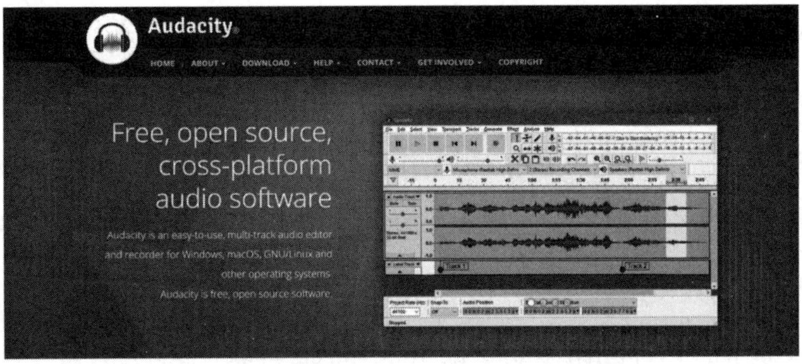

图 4-9　Audacity

Sound Studio 是一款简单易用的音频应用程序,适用于在计算机上录制、编辑和制作音频。Sound Studio 可用于实现磁带和黑胶唱片的数字化,为现场演出录音,使用淡入淡出功能制作混音,调整音量及平衡,添加数字化效果以及用各种主流文件格式保存音频。多年以来,Sound Studio 一直是 App Store 中最受欢迎的音频程序。Sound Studio 也可将文件保存成多种标准文件格式,如 AIFF、WAVE、MP3、MPEG-4 AAC、Ogg Vorbis 等。

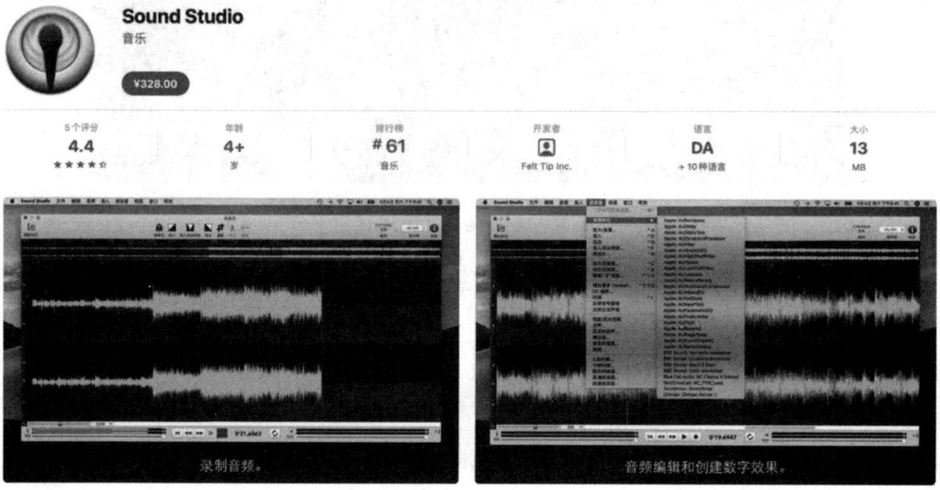

图 4-10　Sound Studio

(三)视频处理软件

1.Adobe Premiere Pro

Adobe Premiere Pro(简称 Pr)是一款备受欢迎的非线性视频编辑处理软件,广泛应用于影视后期制作、广告制作、电视节目制作等领域,也在短视频编辑与制作领域扮演着重要的角色。其因具有强大的视频编辑能力和灵活性而非常容易上手,让使用者发挥自己的创造能力和创作自由度。同时 Pr 还可以与 Adobe 旗下的 Photoshop、Audition、After Effects 等软件搭配,例如可以在 Photoshop 中进行图像编辑,然后在 Pr 中进行视频制作,最终在 After Effects 中添加特效和动画。这种联动性不仅提高了创作效率,还加强了视频制作的专业性和创意性。

图 4-11　Adobe Premiere Pro

关于 Pr 的具体操作可以参考 Adobe 官网:https://www.adobe.com/hk_zh/products/premiere.html。Adobe 官网的视频讲解更加系统,使用者也可在 B 站学习相关领域 UP 主教程。

2.剪映

作为剪辑零基础友好型的剪辑软件,剪映自推出后迅速占领市场,不光将原来使用"爱剪辑""vue"等软件的用户转化为自己的用户,也让不少已经习惯使用 Pr 的用户将其当作一个备用工具。简洁的面板、海量的素材、便捷的操作不仅使其获得了市场,也激发了大众视频创作的热情,让更多人感受到后期剪辑的乐趣,不再把它视作复杂而高专业性的工作,这也是剪映给自媒体人带来的意外惊喜。

图 4-12　剪映(一)

目前,剪映已有三个版本:专业版、移动版、网页版。剪映不仅具备一般剪辑软件的视频切割、变速、特效转场等功能,还具备一些特色功能,比如贴纸文本、独家曲库、美颜滤镜、同款剪辑、自动踩点等,这些功能在过去可能需要多个软件或插件的配合才能实现,而剪映将它们集成在一个平台上,极大地简化了创作流程。

比如,之前我们在给一个视频添加动态人名条时,可能需要先在 After Effects 中制作,从 After Effects 导出后再添加到 Pr 中,并且如果需要修改也要转到 After Effects 中修改重新导出,费时费力还容易出错。而在样式没有详细要求的情况下,可以直接在剪映的素材库中找到合适的模板,修改文字即可。

剪映最为人称道的功能就是自动识别字幕。过去,给一段十几分钟的采访视频添加字幕会耗费很多时间,在电视台后期还存在字幕员这一职位。而剪映只要几秒钟就能自动识别出大部分文字,极大地减少了后期制作人员的工作量,还能提高效率。

在剪映中完成所有的编辑操作后,用户可以选择将剪辑项目导出到指定文

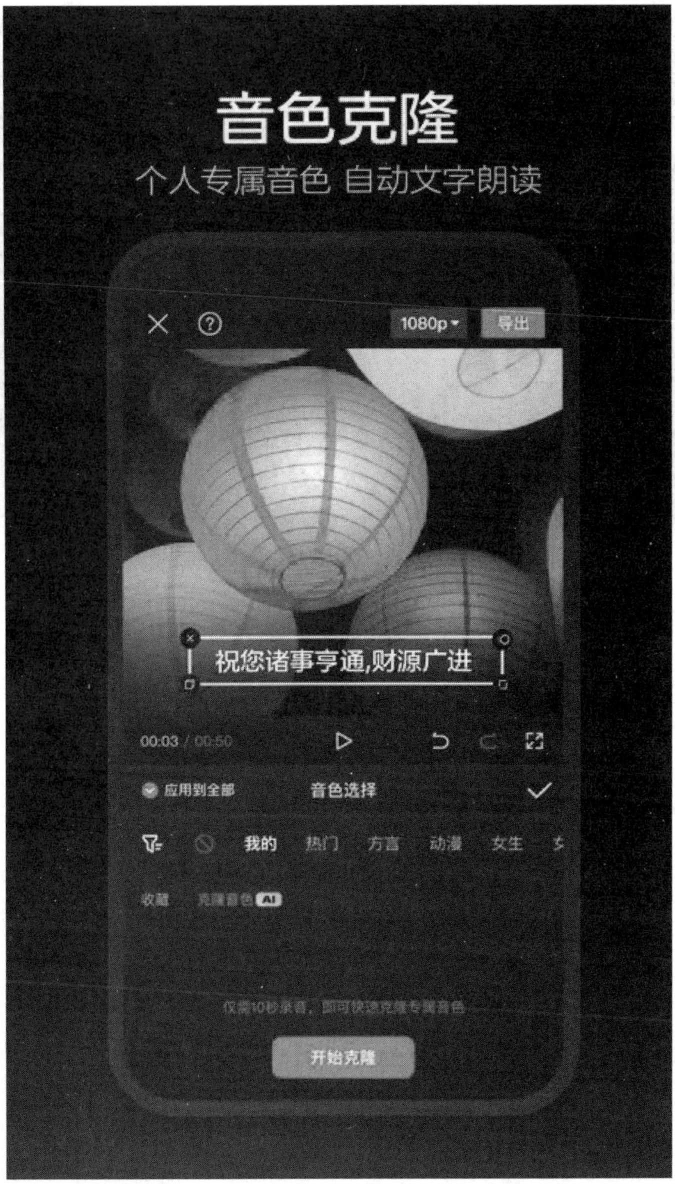

图 4-13 剪映(二)

件夹。导出完成后,可以保存在本地文件夹内,也可以选择直接上传到自己的抖音或者西瓜视频的账号。这种无缝的导出和分享功能为用户的创作和分享提供了极大的便利,使得他们可以更轻松地将精彩内容呈现给观众。

图 4-14 剪映(三)

3.不咕剪辑

B 站等视频平台的崛起吸引了一波年轻的视频创作者,这一群“Z 世代”创作者也正是不咕剪辑的核心用户。

不咕剪辑作为一个轻量级、易用性强的视频剪辑工具,迎合了这一群年轻创作者的需求。他们在创作中更加注重创意性、个性化,而不仅仅局限于传统的剪辑技术。不咕剪辑提供的特色功能,如自动识别字幕、贴纸文本、独家曲库等,为他们提供了更多表达的可能性。同时,不咕剪辑的简洁界面和便捷操作,也使得他们可以更快速地将自己的创意转化为实际的视频内容。

不咕剪辑作为一个视频剪辑工具,在底层逻辑上融合了 AI 技术,将其转化为实际的产品,并通过这一过程进一步推动作品创作和生态发展。

目前,不咕剪辑聚焦于 1~15 分钟的中长视频,分发平台以 B 站为主,其功能设置也主要关注二次创作,并更加贴合移动端的创作需求。

不咕剪辑推出的 iPad 版本已经上线了 198 个功能,未来还会持续完善。其中,基于 M1 芯片的实时抠像功能尤其受到欢迎,用户一键抠图即可实现与专业绿幕拍摄类似的效果。值得一提的是,不咕剪辑也实现了“发丝级”AI 抠像,且

图 4-15　不咕剪辑

在 PC 端、移动端的绝大部分硬件平台上，能够做到在几秒内完成智能抠像，这让不咕剪辑能够有效降低创作门槛。经过长期的技术迭代，不咕剪辑为创作者带来了媲美影视级特效的 AI 虚拟场景功能，包括 CGI 级别的 2D 转 3D 特效，以及抠像后的真实与虚拟场景的拟真合成。值得一提的是，不咕剪辑支持对视频中动态表面进行实时的动态追踪和曲面追踪，让创作者不必再逐帧进行素材调整。

4. 必剪

B 站作为当下年轻人最为活跃的视频平台之一，也推出了自家的剪辑工具：必剪。

图 4-16　必剪

在必剪中,用户能够轻松地找到各种网络热点、经典音效,甚至是“一键三连”动画等各类素材。这些元素常常是年轻人钟爱的视频内容中不可或缺的部分。必剪为用户提供了丰富多彩的资源和素材,使得创作变得更加轻松,能够更容易地制作出引人入胜的视频作品。

此外,必剪还为用户提供了众多剪辑教程,这些教程帮助用户快速掌握剪辑技巧,从而成为合格的 UP 主。这种教育性的功能不仅为新手创作者提供了实用指导,也提升了整个创作者社群的创作水平。

必剪的操作面板和剪映、不咕剪辑的都很相似,必剪的素材库收集了当下网络最新的热梗动画、音效转场,用这些素材剪出来的视频非常接地气。不过这些素材因为被大家用得过多,容易让观众产生审美疲劳。

(四)数据收集与可视化处理软件

网络爬虫,又被称为“网络蜘蛛”或“网页抓取”,是一种用于从互联网上获取数据的技术。它通过超文本传输协议(HTTP)或网页浏览器,从万维网上抓取和提取数据。在大数据时代,获取信息数据变得非常重要,网络爬虫技术能迅速获取信息资源,显著提高工作效率和数据质量。

网络爬虫的基本原理是模拟浏览器的行为,从网页中提取数据,并将这些数据进行处理和存储。它可以自动化地遍历网页链接、抓取文本、图片、视频等内容,并进行数据提取、整合和分析。网络爬虫在信息收集、数据挖掘、搜索引擎索引等领域都有广泛的应用。

同时,一些在线平台也提供了可视化的网络爬虫工具,使用户能够通过拖拽和配置的方式创建爬虫任务,无须编写代码。这些工具通常提供了预定义的模板和功能,适用于各种网站和数据抓取需求。

1.八爪鱼采集器

八爪鱼采集器有两种主要的信息爬取模式:“自定义爬取”和“固定模板爬取”。

“自定义爬取”模式:创建自定义任务组,通过手动输入网址、从文件导入网址、从任务导入网址、批量生成网址等方式实现信息爬取。这种模式适用于专门对一些网站数据进行爬取。

“固定模板爬取”模式：通过八爪鱼采集器提供的网站平台模板进行信息爬取，它和自定义爬取模式之间的主要区别在于，固定模板爬取只在特定的网站或平台里收集你所需要的信息。

图 4-17　八爪鱼采集器(一)

例如，你可以使用固定模板来抓取公众号、微博等爆款文章，或者从知乎等论坛中收集热门问题的高赞回答，它都能够通过智能技术实现自动收集。在收集够你所需要的信息之后，选择导出数据的方式为 Excel ，它就会以 Excel 表格的形式将数据排好展现在你的面前。

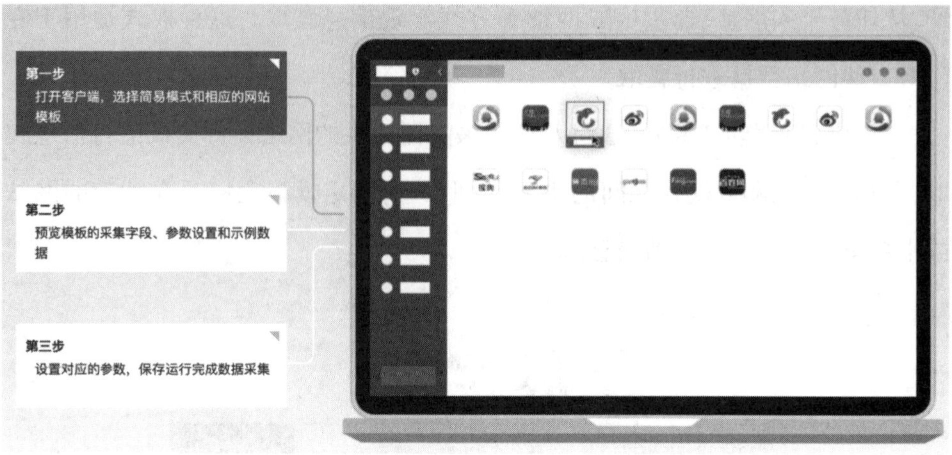

图 4-18　八爪鱼采集器(二)

2.Power BI

Power BI 是一款基于 Web 的商业分析工具套件,专注于数据可视化。它采用客户端—服务器架构,使用户能够从各种数据源中提取数据并创建交互式报表和仪表板。Power BI 支持在浏览器中进行简单的报表编辑,以及通过客户端连接数据源进行数据处理。

图 4-19　Power BI

在使用 Power BI 时，用户需要下载并安装适当的驱动来连接数据源，而非使用主流的 JDBC 连接方式。该工具提供了直观的拖拽操作方式，使用户可以轻松地构建报表和可视化效果。然而，Power BI 在探索式数据分析方面的能力相对有限，难以应对复杂的定制开发需求。

Power BI 的学习曲线相对较低，使用起来较为容易上手，尤其适合初学者。然而，其功能相对较为简单，不太适用于处理复杂的业务场景。虽然能够满足一般的数据可视化需求，但在需要高度定制化和深入分析的情况下可能表现不佳。

3.Tableau

Tableau 是一款代表自助式商业智能工具的典型应用，在国内也有众多代理商提供支持。该工具因其简单易用的操作方式和直观的界面设计而受到欢迎。使用 Tableau，用户可以通过简单的拖拽操作快速设计报表，无须烦琐的右键操作。其界面色调经过优化，整体 UI 风格呈现出舒适的感觉，使得报告的外观十分出色。

然而，Tableau 的一些不足之处在于它更适用于商业分析师，是一款面向个人用户、小型工作室以及独立部门的桌面可视化分析工具。它在处理大数据方面存在局限性，因此需要与其他公司的数据仓库产品进行对接。虽然 Tableau

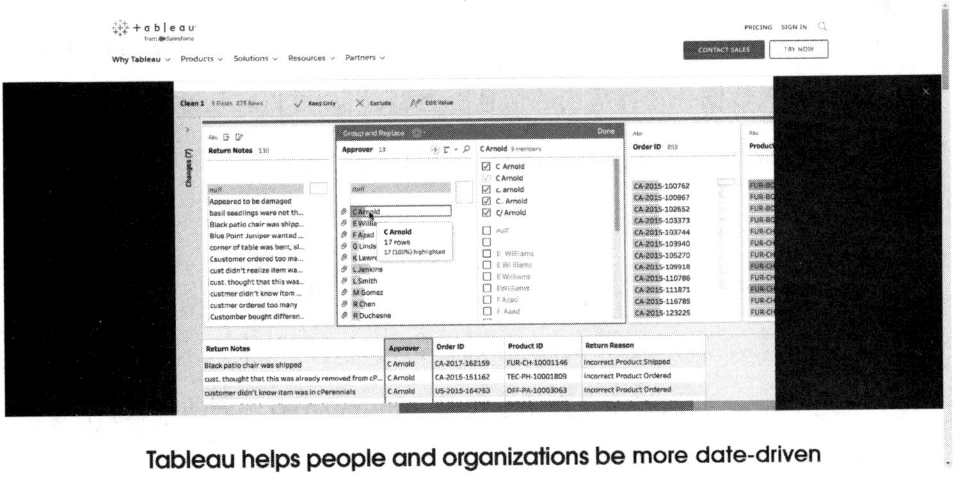

图 4-20　Tableau

在创建报表时非常方便，但其在处理大规模数据和复杂分析场景时可能受到限制。

4.Apache Echarts

Apache ECharts 是一个基于 JavaScript 的开源可视化图表库，兼容当前绝大部分浏览器（IE8/9/10/11、Chrome、Firefox、Safari 等），底层依赖矢量图形库 ZRender，提供直观、交互丰富、可高度个性化定制的数据可视化图表。

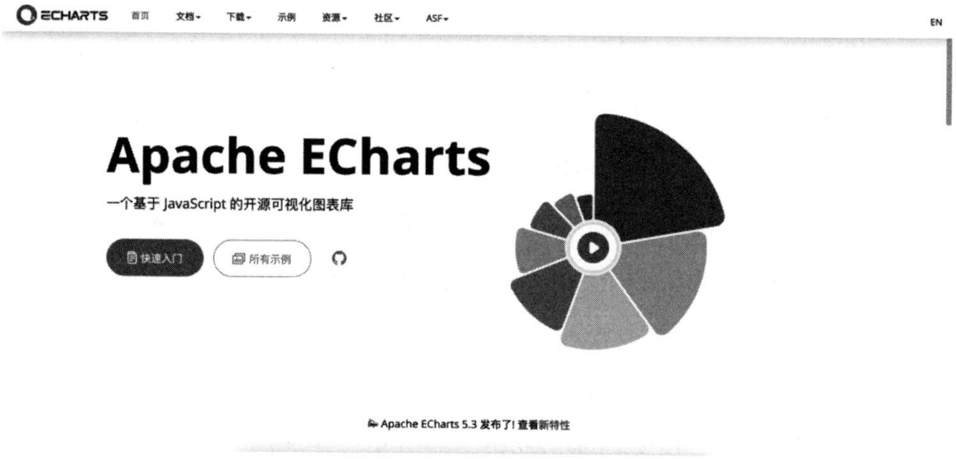

图 4-21　Apache ECharts

简单来说，Apache ECharts 为用户提供了多种引人注目的数据可视化图表实例。通过导入数据并选择适当的信息图类型，用户可以轻松地进行修改和定制（例如，使用折线图记录收入的涨跌，使用饼图记录各项收入占总收入的比重），从而创造出一个精美的成品。

（五）排版与发布软件

运营微信公众号的人经常使用排版的网页和软件，其中大家最常用的就是秀米。在这一部分，我们将简单介绍这些基本相似但小有不同的排版软件。

1.秀米

秀米是一款专用于微信平台公众号的文章编辑工具，秀米编辑器拥有很多原创模板素材，排版风格也很多样化、个性化，让用户能够轻松地创建独特的文章排版。

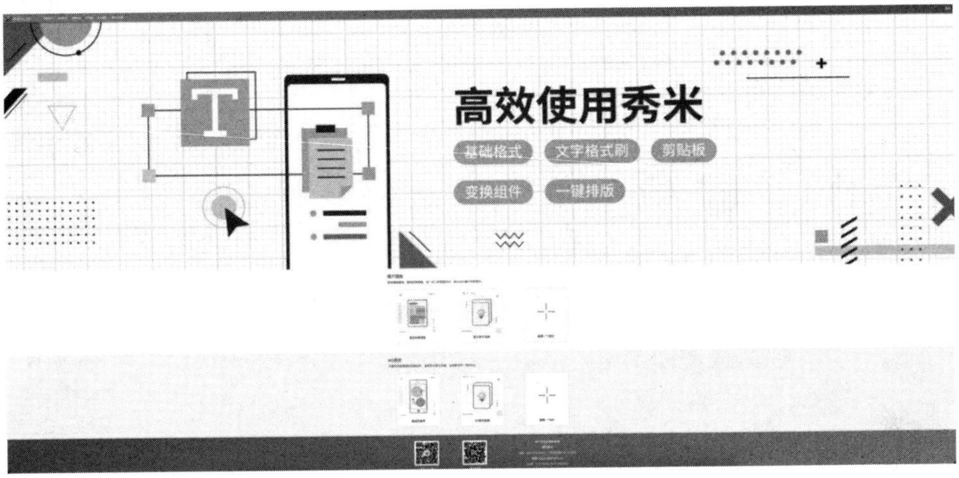

图 4-22 秀米

2. 壹伴

除了和秀米相似的功能，壹伴左侧的工具栏自带了很多外链和插件，这些功能能够帮助制作者更全面地进行文章制作和编辑。例如，制作者可以使用外链和插件来对文章标题进行评分，以确保标题更具吸引力。制作者还可以制作二维码，方便读者扫码跳转到相关链接。插入图表功能可以帮助制作者更生动地展示数据和信息。

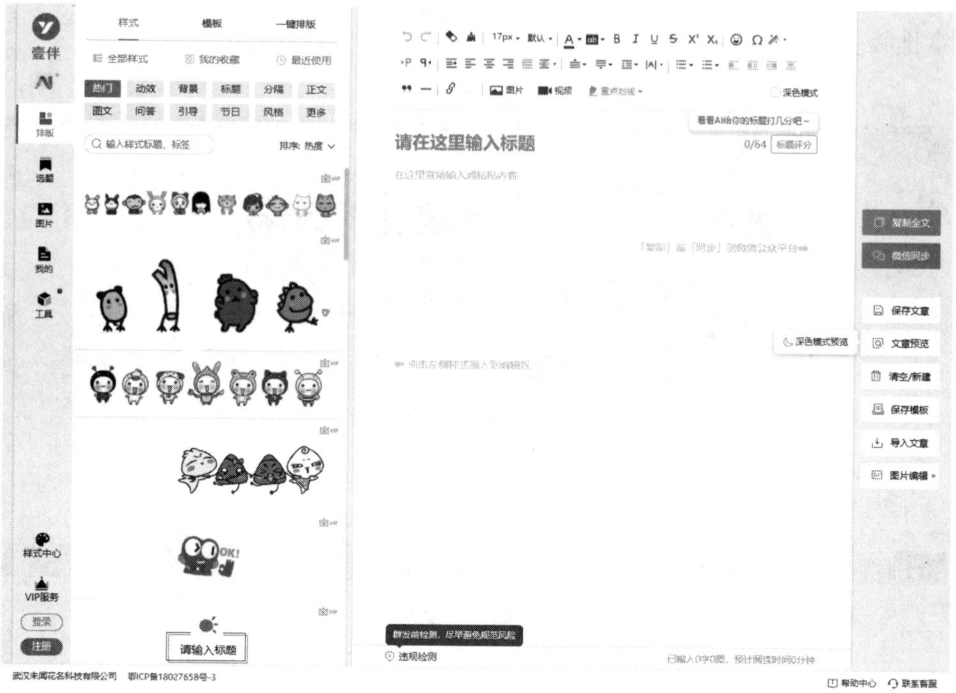

图 4-23　壹伴

（六）网络传播与后台运营软件

新榜作为自媒体从业者熟知且具有权威性的榜单工具，在自媒体圈内拥有广泛的影响力，起初专注于公众号排名，如今已逐步扩展到包括头条号、微博、抖音等主流自媒体平台的数据分析。它提供了榜单分析、数据监测、运营增长、流量变现等自媒体运营方面的服务，提供免费和付费两种选项。

图 4-24 新榜

免费功能主要是各平台(如公众号、头条、微博、抖音)的 Top 账号榜单查询功能,分为日榜、周榜和月榜,大致可以查询每个平台下面各个分类(如娱乐、游戏、宠物等)50~100 个 Top 账号,可以在一定程度上分析受众的喜好趋势,对账号运营有一定借鉴意义。

付费功能主要涵盖数据服务、运营增长、内容营销、版权分发等方面。比如数据监控、评论采集、快速涨粉等。总体上新榜的功能比较全面强大,是目前自媒体行业主流的分析工具之一。

此外,新红、新视、微小宝也是自媒体圈中常用的榜单工具。

图 4-25 新红

图 4-26　新视

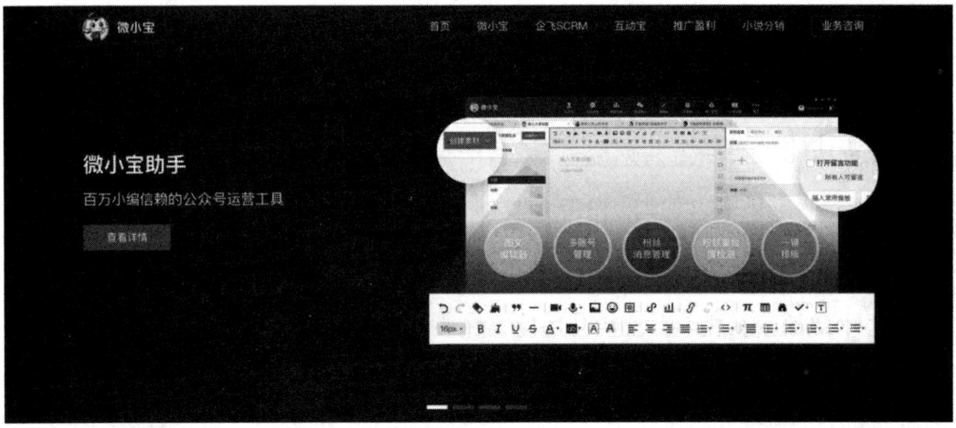

图 4-27　微小宝

二、硬件使用技能

（一）图像采集硬件

1. 口袋相机

由大疆科技推出的口袋云台相机 Osmo Pocket 是一款便携的影像采集工具，其小机身、轻重量的特点，有效减轻了摄影师的拍摄负担，云台相机一体化的设计也能很好地应对采编过程中的颠簸。在外景拍摄中，融媒体记者及自媒体创作者已经广泛应用这款小巧的相机进行素材的采集。

图 4-28　口袋相机

使用者通过 Osmo Pocket 相机自带的触摸屏和操纵杆就可以实现基本的拍摄操作和镜头运动，同时，将相机与手机通过 App 连接后，可以将手机屏幕作为拓展的画面监视器，弥补了机身屏幕较小的问题。通过手机应用，用户可以远程操控拍摄，解决了实地拍摄操作空间有限的问题。另外，该应用内提供了拍摄模板等功能，帮助使用者简化创作流程，使创作更加便捷。在连接相关配件后，Osmo Pocket 相机还可以完成录音功能。在二代 Osmo Pocket 的配件套装中，有一个无线麦克风发射器（功能同"小蜜蜂"无线麦克风），这个无线麦克风上还可配有防风毛套。这对于外出拍摄的主播或者在嘈杂环境中采访的记者来说都非常实用。

目前，Osmo Pocket 口袋相机的配件与其他品牌的器材不通用，需要专门购买相应的配件。虽然二代 Osmo Pocket 套装版配备了一个 0.75X 的增广镜，但仍然存在焦段不足的问题。对于一些对画面质感有更高要求的场景，建议不仅仅依赖口袋相机作为单一录制设备，而是可以考虑搭配其他摄影器材进行素材的补充拍摄，以获得更丰富和多样化的影像效果。

图 4-29　口袋相机及配件

2.运动相机

运动相机与普通照相机在基本功能上没有本质区别,但是更多的功能是为了适应在极限条件下的摄影需求。运动相机可以应用于徒步、登山、攀岩、骑行、滑翔、滑雪、游泳、潜水等运动环境下拍摄,也可用来模仿监控视角等。

运动相机的主要特点和优势包括以下几点。

耐用性:运动相机通常具有防水、防震、防尘等特性,可以在恶劣的环境中使用,如水下、高空、丛林等。

配件丰富:运动相机配备了丰富的配件,如头部带、胸部带、手腕带、自拍杆等,可以将相机固定在各种器材上,从而实现多样的拍摄角度。

测光模式和拍摄模式:运动相机通常具有多种测光模式和拍摄模式,可以根据不同的场景进行调整,以获得最佳的曝光效果和拍摄效果。

Wi-Fi 遥控:许多运动相机支持通过手机的 Wi-Fi 遥控功能实时查看拍摄画面,方便进行远程控制和调整。

便携性:运动相机由于体积小巧,重量轻,携带方便,适合在户外运动时随身携带。

总的来说,运动相机在适应运动场景和户外环境下的拍摄需求方面具有独特的优势，可以记录下极限运动、冒险探险等过程中的精彩瞬间。它们的特殊设计和丰富的配件，使得运动相机成为极限运动爱好者和户外摄影者的理想选择。

常见的运动相机有以下几款。

GoPro Hero4 Black：这款相机的特色功能包含 4K 视频录制，能够捕捉超高清画质，让用户记录活动和冒险的作品能够呈现令人惊叹的视觉效果，这对于记录自然景观、运动瞬间以及冒险活动的细节尤为有益。同时，这款相机还支持 1080P/120fps 的慢动作视频，使得用户能够以高帧率捕捉快速运动的细节，或者在后期制作中创建具有戏剧性效果的慢动作片段。另外，GoPro 的外设资源非常丰富，从头盔支架到自行车支架，再到胸部带扣，几乎可以找到适用于各种运动器材的兼容支架。

图 4-30　运动相机 GoPro

Garmin VIRB Elite：Garmin 的旗舰运动相机，与 GoPro Hero4 Black 售价相同，但风格完全不一样。Garmin VIRB Elite 主打的是更全面的机身连接性能，内置 Wi-Fi、GPS 及运动传感器，实现远程控制和数据传输，并支持 iOS 及 Android 应用，可以随时记录拍摄地点，并与移动设备连接编辑上传。此外，还配备了运动传感器，进一步提升了其多功能性，可以捕捉运动的数据，如速度、高度、加速度等，将视频与运动数据相结合，为用户提供更加丰富的内容和信息。

图 4-31　运动相机 Garmin VIRB Elite

大疆 Osmo Action：作为国产摄像机的杰出代表，二代 Osmo Action 机身搭载了一枚 1/1.7 英寸 CMOS 感光元件，镜头视野为 155°，最大光圈为 F2.8，可支持 120fps 帧率 4K 视频录制。搭配新一代智能防抖算法，提供双重防抖保障。视频最高码流达到 130Mbps，并支持 10 米防水，加防水壳能够防水 60 米。

图 4-32　运动相机大疆 Osmo Action

Insta360 GO：这是一款价格亲民的拇指大小的迷你防抖相机，通过一个超广角摄像头记录精彩的画面，并且可以在后期运用软件对画面进行裁切，以满足不同的尺寸和比例需求。这个摄像头支持最大 3040×3040 的方形照片拍摄，可以通过裁切输出 2560×2560 分辨率 1∶1 长宽比照片或者 2560×1440 分辨率横向的 16∶9 照片，甚至还能够裁切为纵向的 9∶16 照片。不仅如此，Insta360 GO 还具备防抖功能，使拍摄画面更加稳定。其小巧的机身可以轻松固定在不同的位置，带来更多拍摄的可能性。

虽然成像效果不算优秀，但 GO2 单机续航达 30 分钟，单段拍摄时长也有 15 分钟，支持 4 米防水，其小巧的机身，再加上蓝牙控制的拍照方式，以及超广角画面的场景容纳，能够拍到一些普通手机或者相机难以捕捉的画面，比如把它放在宠物身上，就可以获得新奇的拍摄视角。

图 4-33　运动相机 Insta360 GO

无人机：在航拍领域，无人机分为几个主要类别，如直升无人机、固定翼无人机、多旋翼无人机、伞翼无人机、无人飞艇等。其中，多旋翼无人机操作最简便，常见的有四旋翼、六旋翼、八旋翼等。由于多轴的平衡控制，这种飞行器操控起来比较容易，玩过航模玩具的人一般都能很快上手，通过遥控器控制起、降、前、后、左、右各方向以及机体旋转、云台旋转等，一旦掌握了基本操作，后续就需要大量的软件和实操练习来提升飞行拍摄技能。

图 4-34　无人机(一)

在融媒体内容生产中,无人机常被用于实现“上帝视角”或者穿梭视野的拍摄,以带来更加震撼的视觉体验。但是,在使用无人机拍摄时,首先要注意拍摄地是否有无人机飞行的限制;其次,在起飞前检查电池电量是否充足,零部件是否有损坏,指南针是否校准,检查起落架及相机参数设置、SD 卡容量等;最后,无人机起飞后更要注意飞行安全。

常用的无人机有大疆、普宙、零云等品牌,其中大疆的知名度最高,也是很多人入门无人机拍摄的首选。

图 4-35　无人机(二)

无人机主要提供的是独特的摄影角度,现在有些拍摄会用无人机低空跟随人物,模仿传统摇臂的功能,带来新奇的看点以调动观众兴趣。

(二)音频采集硬件

1.无线麦克风

在观看视频时,许多人都会注意到UP主们领口上经常出现一个小方块,这是一种无线麦克风设备。这类无线麦克风更加便携、美观,非常适合新媒体内容的创作要求。在这类产品的选择上,许多人的首选品牌是罗德RØDE,其出品的Wireless GO Ⅱ是一款极致小巧的双通道无线麦克风系统,与此前畅销的Wireless GO拥有同样小巧的外形尺寸和广播级音质。“即夹即用”、功能强大的无线麦克风,成为融媒体创作中的得力助手。

图4-36　无线麦克风Wireless GO Ⅱ(一)

Wireless GO Ⅱ的主要功能包括双通道无线麦克风系统——既可同时录制两个声源(一拖二),又可作为单通道无线麦克风使用;第四代2.4G无线传输系统,采用128位加密——将无线连接距离扩展到了200米(无遮挡)的范围,优化了射频密集环境下的抗干扰能力;单声道或双声道录音模式自由切换功能——可分别录制每个通道的音频,也可以组合录制双通道音频,为后期制作提供了极大的灵活性;灵活的增益控制——配置了三档增益控制,可扩展为十档增益控制;安全通道——如主通道信号失真,可以启用 -20dB 录制第二通道的音频作为备份;通过 RØDE Central App(RØDE Central 应用程序)全面控制设备的所有功能特点;内置可充电锂电池——续航时间可达 7 小时,另提供节电模式。

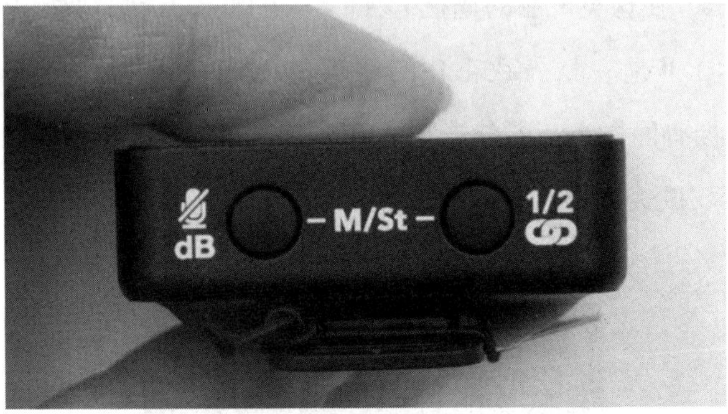

图 4-37 无线麦克风 Wireless GO Ⅱ(二)

根据用户的使用经验,Wireless GO Ⅱ在调频配对和操作方面相对简单,以下是一些操作步骤的描述。

打开设备:要打开 Wireless GO Ⅱ,只需按住接收器(接收端)上的电源按钮即可。

配对发射器与接收器:要将发射器与接收器配对,按住发射器(发送端)上的电源按钮。只需几秒钟,发射器与接收器即可自动配对成功。

失去连接的情况:如果发射器与接收器失去连接,发射器上的蓝色按钮 LED 指示灯将闪烁,并且接收器上对应通道的图标将变为空白,以便识别需要重新连接的通道。

重新连接发射器:如果需要重新连接发射器到接收器,按住接收器上的配对按钮三秒钟以启用配对模式。然后,单击发射器上的电源按钮,并等待几秒钟,发射器将重新与接收器连接。

断开连接:要断开发射器的连接,只需通过单击接收器上的配对按钮将其选中，然后按住配对按钮三秒钟即可。

总的来说，Wireless GO Ⅱ通过简单的操作流程实现了设备之间的调频配对和连接，使用户在使用无线麦克风时能够更加方便地进行设置和调整，从而提高了创作效率。

2.指向性机头麦克风

麦克风有三种基本的指向性：全指向、8字形指向、心形指向。

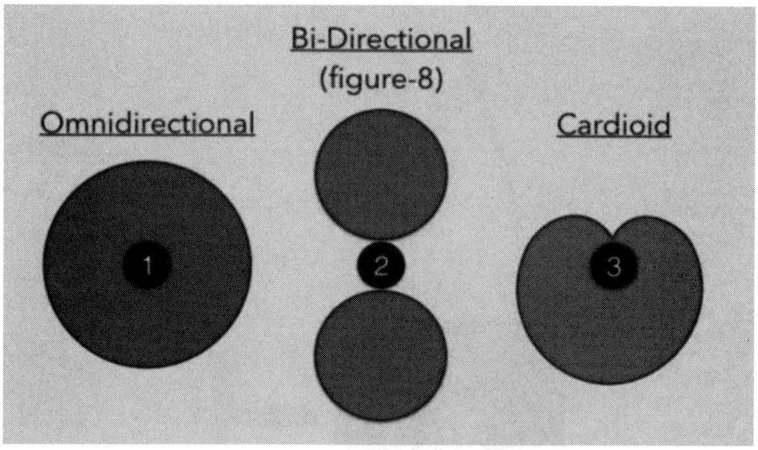

图4-38　麦克风三种基本指向

全指向麦的收音效果顾名思义，来自各个方向的声音都会被同样收录；8字形指向麦则会更集中地拾取正前方的音源；心形指向麦会收录大量正前方、适量侧前方音源。后两种都或多或少屏蔽了侧、后方干扰音。

使用指向性机头麦对于新媒体内容的拍摄有很大帮助，因为在实际拍摄中，为保证反应效果，拍摄对象很有可能随机与人交流，这时候单一使用无线麦虽然可以清晰地录下拍摄对象的声音，但是可能听不清楚与人交流的对话内容，机头话筒安放在摄影机上这一先天优势让它很有可能成为距离拍摄对象最近的话筒，比如在情绪点拍摄对象需要排除更多干扰，机头麦克风可以起到很好的补充作用，有时甚至是关键声音的又一重保障。因此，在拍摄时，要根据场景对收音设备进行选择。

图 4-39　指向性机头麦克风(一)

图 4-40　指向性机头麦克风(二)

现在的摄影机、单反很多都内置了麦克风,比如索尼 FS7、索尼 FS5、佳能 5D3 等,而以森海塞尔 mkh 416 和 RØDE NTG3 为代表的一系列麦克风也常用于影视拍摄中,在拍摄时,可以根据自身需要对机头麦进行使用。

3.直播麦克(电容、动圈)

当前,直播成为融媒体内容的重要组成部分。在直播中,为保证音质,很多主播都会选择升级自己的收音设备，选择电容麦或动圈麦搭配声卡等配件进行细节升级。如果你的直播是主打唱歌，需要更多地细节表现，而且家里也比较安静的话，建议购买电容式麦克风。如果你的直播类型是语音聊天、上课，而且办公室或家里的环境比较吵，选择动圈式麦克风效果要更好。根据直播间主题的不同，主播也会选择不同款式的电容麦，部分主播主打 ASMR，对麦克风的要求更高，可选择 3Dio 双耳麦克风这种人头录音的设备以达到极致的沉浸效果。

图 4-41　直播麦克(一)

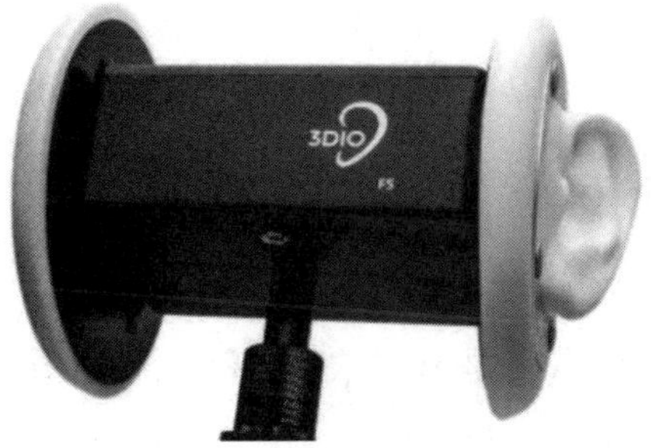

图 4-42　直播麦克(二)

然而，如果对音质的要求没有达到专业级别的标准，依然有许多直播麦克风可供选择，其中唱吧小巨蛋麦克风是一个很好的选项。

唱吧的麦克风的亮点在于搭载智能动态降噪功能，这项功能允许麦克风在嘈杂的环境中收录人声，并有效屏蔽周围的环境噪声，确保清晰的音频传输。如果用于直播带货、舞蹈、才艺表演，可以开启远距离模式。如果用于唱歌，那么可以开启近景模式，自动过滤周边声音，还原主播声音细节。

图 4-43　直播麦克(三)

(三)照明硬件

1.补光灯

在传统影视行业中,运用光影的艺术展现作品是非常重要的环节。随着新媒体的不断发展,很多内容生产者也希望自己的画面可以达到更高的审美标准,趋近专业水平。在这一趋势下,照明技巧成为不可或缺的要素。

融媒体内容生产的特点就是节奏快、效率高,但如果像传统影视一样将大量时间投入在布光上,会导致制作进度减缓。因此,创作者需要在照明方面做出权衡,迅速选择适合拍摄需求的灯光设备。

在室内拍摄方面,常亮灯和环形灯是主要选择。常亮灯中的保荣口系列备受青睐,可以搭配各种通用配件如柔光箱、雷达罩等,以创造多样化的专业效果。这类灯的价格较高,但通过多灯组合和配件使用,创作者可以实现更具创意的照明效果。与此同时,专用的直播补光灯在满足经济实惠需求的同时,也能有效减少噪声干扰。这种类型的灯在美妆直播和吃播等领域得到了广泛应用。

在室外拍摄方面，便携性尤为重要。设备按照形状可以分为方形的灯和棒形的灯（冰灯）两种，方形的小巧便携，而棒形的更适合满足全身打光需求。

图 4-44　补光灯（一）

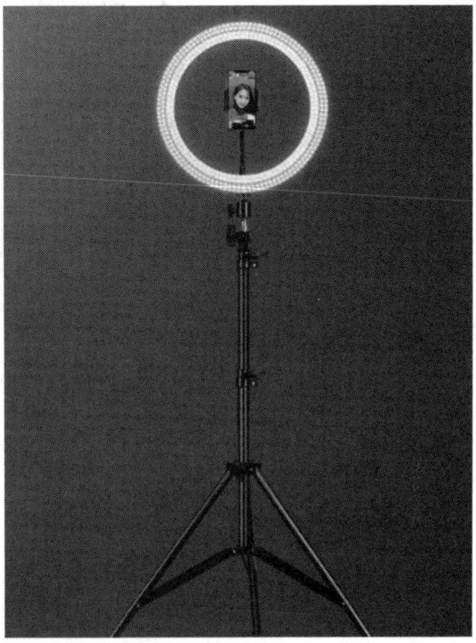

图 4-45　补光灯（二）

图 4-46　补光灯（三）

图 4-47　补光灯（四）

2.反光板和旗板

在户外拍摄时，由于自然光的充足，使用反光板是一个不错的选择。一般来说，反光板尺寸越大，它产生的光就越柔和，较大的反光板在图像的明暗区域之间会产生更柔和的过渡，阴影变得不那么明显，并且较大的反光板往往更适合所有皮肤类型。同时，选择反光板时需要选择比被摄体尺寸稍大的反光板。

图 4-48　反光板

不同种类的反光板具有不同的特点和用途。

银色反光板:不会改变光线的颜色,常用于人像摄影工作室中。

金色反光板:营造暖色调,特别适合户外摄影的应用。

白色反光板:不会引起颜色偏移,常用于产品摄影,能够提供均衡的光线。

黑色反光板:用作遮挡光线或减少光线的亮度。

半透明反光板/柔光板:用于散射光线,创造宽敞柔和的光源效果。常见的应用是将半透明反光板放在主体上方,以软化太阳自然光的强度。

除了传统的反光板,旗板在光线处理中也扮演着重要角色。旗板与半透明反光板的原理相似,通常为方形,可以通过魔术腿等设备固定在特定位置使用。

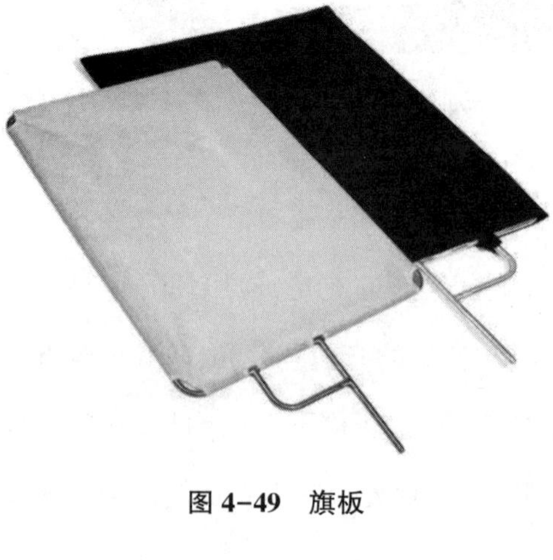

图 4-49　旗板

(四)其他配件

1.支架(三脚架、独脚架、头戴式支架、嘴咬式支架、夹子式支架等各种拓展架)

在实际拍摄中,各种支架的使用可以大幅提升画面质量,并为内容创作者带来全新或令人惊叹的视觉效果,从而丰富内容的呈现方式。

三脚架作为摄影摄像中常用的稳定工具,具有稳固的功能是不言而喻的。然而,除了传统的三脚架,还有其他支架类型可以应用在不同场景下。

图 4-50 独脚架

独脚架是一种机动性更高的选择。它具有快速展开和调整高度的优势,操作更加灵活。在视频拍摄中,独脚架可以实现一定程度的平移效果,增加画面的动态感。然而,独脚架的稳定性相对较差,需要有人持续操作以保持稳定,这一点在与三脚架相比时需要考虑。

除了传统的支架类型,随着拍摄需求的不断丰富,还涌现出了一些创新型的支架设计,如头戴式支架、嘴咬式支架、夹子式支架,这些选择在特定情境下能够有效地解决拍摄时的难题。

在一些综艺节目中,我们可能会看到嘉宾在极端条件下进行拍摄,比如入水、蹦极等。在这些情况下,双手难以解放且反应可能不稳定,这可能导致设备意外受损。然而,通过一些特殊的支架配件,可以有效解决这些问题。

头戴式支架:这种支架可以将摄像设备固定在头部,摄影师可以在进行极限运动或水下拍摄时,保持双手自由。这样可以记录到更加身临其境的画面,而不必担心设备的稳定性。

嘴咬式支架:这种支架将摄像设备固定在嘴部,在摄影师需要使用双手的情况下仍然能够拍摄,尤其适用于需要还原第一人称视角或进行其他操作的情境,如户外运动或极限运动。

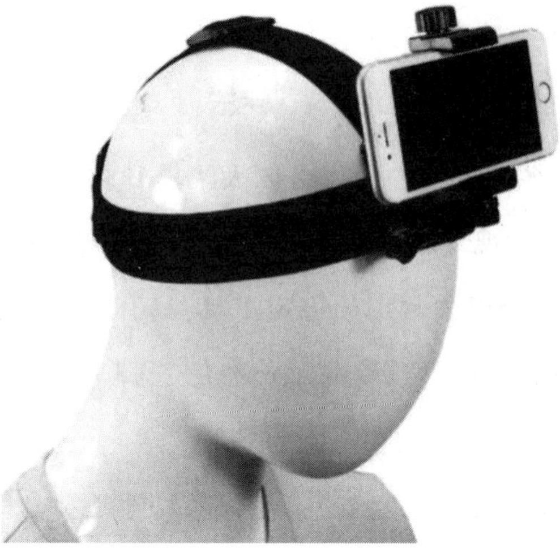

图 4-51　头戴式支架

夹子式支架:这种支架可以夹在背包、帽子等物品上,将摄像设备固定在合适的位置。这样摄影师可以在移动中保持画面稳定,记录更多有趣的瞬间。

图 4-52　夹子式支架

这些创新型的支架设计为摄影师提供了更多可能性,使他们能够在各种极端和特殊场景下捕捉到精彩的画面。根据拍摄需求,选择合适的支架和配件,可以帮助创作者实现更具创意性和多样性的内容创作。

2.绿幕

绿幕是广泛应用于影视制作和内容创作中的一种技术，它可以有效地实现背景替换和特效合成，为创作者提供更多创意和表现的可能性。它一般指一个背景布，通常是单色背景，这块布可以是任何颜色，但通常是亮绿色，因为它在色盘上是离人类肤色最远的颜色。我们使用绿幕进行拍摄之后，只需要通过后期处理，就可以把后面绿色的布换成任何我们想要的背景。

图 4-53　绿幕

比如在剧情类短视频的拍摄中，往往需要大量的场景转换，场景转换通常需要重新置景和调整设备，这会耗费大量的时间和人力，而使用绿幕技术可以显著提高制作效率。使用绿幕后，在后期处理阶段可以将绿色背景替换为任何想要的图像或视频，从而实现虚拟场景的创建。

在选择绿幕时，我们要尤其注意它的尺寸、颜色均匀度以及布料厚度、是否方便水洗等基本特性，因为这都会影响我们的抠像效果。一般来说，不易起褶皱、布料厚实、颜色均匀的绿幕是首选。在拍摄时,我们也要对绿幕进行正确的打光,避免阴影造成的颜色不均,给后期增加难度。同时,为保证色键的质量,拍摄时可以选择低感光度拍摄,推荐使用摄影机上最低的原生 ISO,这是因为高 ISO 会在绿幕上产生很多噪点,导致绿幕"掉色",从而使抠像过程变得更麻烦。最重要的一点,使用绿幕拍摄时一定不要穿绿色的衣服或使用绿色的道具,否则后期老师一键抠掉之后画面就会变得很奇怪。

综上所述,技术的进步带来了创作门槛的降低,人人成为内容创作者变为可能。在传统媒体时代动辄数万元、数十万元的视音频采集和编辑设备,在融媒体时代降到了千元甚至百元,一部几百元的智能手机都可以拍摄高清视频,这在过去的时代是无法想象的。对于创作者而言,他们不再受到价格高昂的设备门槛的限制,在这个最好的时代,他们可以尽情发挥自己的才华,去创作具有时代性、民族性的作品。

第五章　融媒体内容产品

第一节　何为融媒体内容产品

内容产品是内容和产品的综合体,既具有内容的文化属性,传递信息和文化,又具有产品的经济属性,可以成为商业价值的体现。在媒体领域中的内容产品是信息与商品的组合,尤其是在互联网时代,内容产品随着互联网的迭代,也在一次次演变、进化。

李菁菁、洪燕在"智能互联时代内容产品的锻造与传播"一文中指出:产品,顾名思义就是生产出来的物品。互联网内容产品,是互联网孕育滋养而成的有信息荷载和交换价值的产品。产品形态有文字、图片、音视频片段、直播,直抵视觉、听觉、触觉各通道。①

互联网自诞生以来,经历了多个阶段的演进,从 Web1.0 时代到 Web2.0 时代,发展到现在的 Web3.0 时代。内容产品在发展进程中受到了互联网不同时代的影响,呈现出不同的形态和特征。

---

① 李菁菁,洪燕.智能互联时代内容产品的锻造与传播[J].中国广播电视学刊,2019(9):35-37.

一、Web1.0 时代

在 Web1.0 时代，互联网被称为“阅读式互联网”。这个时期，传统新闻媒体处于主导地位，同时，互联网门户网站开始兴起，在我国，当时以新浪、搜狐、网易、腾讯为代表。

这一时期，传统新闻媒体开始建立自己的网络形态媒介，主要是建立官方网站，并呈现出向多种媒介形态发展的趋势。1995 年，中国日报社创办了中国日报网；1996 年 12 月，中央电视台推出了央视网；1997 年 1 月 1 日，人民日报社创办了人民网；1997 年 11 月 7 日，新华社在庆祝其成立 66 周年的同时，创办了新华网。

此时，传统新闻媒体着重强调“内容为王”，围绕传统媒介形态开展内容生产。其官方网站主要是转载传统新闻媒体的内容。这些“内容”中的产品特征还不突出，尚不足以称为内容产品。但是，随着 20 世纪 90 年代末网络评论热潮的兴起，网络媒介的受众可以通过网络评论及时参与互动、讨论，这为博客、QQ 空间、贴吧等产品的出现埋下了伏笔，内容产品也是在这个时期出现了萌芽。

二、Web2.0 时代

在 Web2.0 时代，互联网演变为“可写、可读、可互动式的互联网”。这个时期，商业网络媒体开始挑战传统新闻媒体的地位，受众的关注点慢慢从传统新闻媒体转移到网络媒体上。

博客、QQ 空间、贴吧等成为 Web2.0 时代的代表性产品，为受众提供了畅所欲言的平台，也为他们提供了生产内容的机会。可以说，博客、QQ 空间、贴吧这些平台产品是 UGC 产品的鼻祖。但是，无论是 Web1.0 时代还是 Web2.0 时代，互联网主要还是基于 PC 端，这个时期的内容产品都是基于 PC 特性开发和生产的。

PC 端的内容产品形态相对单一，内容形式也不够丰富，还是以文字和图片为主，但网络平台能够承载更多文字和图片类资讯，打破了报纸和杂志等平面媒体版面有限的局限，具备更大的优势，但当时其传播影响力还是不如广播、电视等媒体。

2004 年，我国最早的专业视频网站乐视网创立，视频类网络媒介犹如雨后春笋般涌现，此时的网络媒体已经兼具传统新闻媒体的所有媒介特点，网络媒体的视频可以随时播放、暂停快进，突显了比报刊、广播、电视等传统媒体更大的优势。凭借传统新闻媒体长期以来积累的人才优势、内容制作规范等，其在原创内容生产方面仍然领先商业网络媒体，传统新闻媒体也借助网络媒介平台传播，并把内容向产品性转化，与受众开展互动。

三、Web3.0 时代

在 Web3.0 时代，互联网被定义为“移动式、智能化互联网”。这个时期，从信息接收终端的改变开始，不同媒介形态之间的竞争演变，尤其是移动网络媒介牢牢占据了主导地位，促使传统新闻媒体向融合媒体形态的改革迈进。

Web3.0 时代也被称为“移动互联网时代”，内容产品呈现多样化的格局。以新浪微博、微信、知乎为代表的产品将融媒体内容产品带入内容社交时代，同时，基于移动端开发的各种应用程序，已经成为人们连接世界、连接工作、连接生活的最主要渠道。

随着 4G 技术的成熟和发展，2014 年出现的快手、美拍将互联网带入了短视频时代，2016 年抖音更是将短视频类的内容产品推向了新的高度。同年，基于移动互联网的网络直播在我国兴起，成为当时最热门的内容产品形式。

传统新闻媒体在这个时期面临着前所未有的挑战和压力：一方面，它们需要整体根本性的转型，进入融媒体发展模式；另一方面，紧跟时代运营最新形态的融媒体内容产品发展脚步。喻国明在“用‘互联网+’新常态构造传播新景观——兼论内容产品从‘两要素模式’向‘四要素模式’的转型升级”一文中指出,传统的内容产品模式是“两要素”模式——“内容+形式”，即通过内容与形式之间的良性匹配，形成传播产品，提供给用户。[①] 但是在互联网时代，融媒体内容产品的构成模式必须随着社会传播领域的“新常态”的到来转型升级为“四要素”模式，即在传统的两要素之外再加上“关系”要素和“场景”要素。

在 Web3.0 时代,融媒体内容产品的设计、生产与传播都必须紧跟时代的步伐,遵循时代的规律,符合时代的特点。米未传媒创始人马东认为好的内容产品应该有三个标准:一是能够体察时代的脉搏;二是拥有正向的商业回报;三是能够生产正向的情绪价值观。[②]

融媒体的内容产品涵盖了文字、图片、音频、视频,以及 H5、AR、VR、XR 等多种形式,具有产品的属性和特征。

第二节　融媒体内容产品的属性

融媒体内容产品属性是融媒体内容产品所有性质的集合,它既有其本身所固有的性质,也有与其他产品不同的差异性。

一、基本属性

(一)信息属性

1928 年,哈特莱(Hartley)在他的论文 Transmission of Information 中首次将“信息”一词作为科学术语引入。[③]

我国著名信息学专家钟义信教授认为,“信息是事物存在方式或运动状态,以这种方式或状态直接或间接的表述”。

---

① 喻国明.用“互联网+”新常态构造传播新景观:兼论内容产品从“两要素模式”向“四要素模式”的转型升级[J].新闻与写作,2015(6):39-42.

② 第八届中国网络视听大会网络视听产业峰会在成都圆满举办[EB/OL].(2020-10-16)[2023-11-10].http://www.china.com/aboutus/2020-10/16/content_76812353.htm.

③ HARTLEY R V L. Transmission of information[J]. The Bell system technology journal,1928(3):535-563.

百度百科归纳：信息是对客观世界中各种事物的运动状态和变化的反映，是客观事物之间相互联系和相互作用的表征，表现的是客观事物运动状态和变化的实质内容。

媒体是传播信息的介质，媒体生产的内容是信息，融媒体生产的内容产品也是信息。从各种定义中，可以得出以下关于信息的特点和属性。

普遍性：信息是事物存在和运动状态的反映，信息是伴随着人类世界而普遍存在的，并且还会随着事物的改变而改变，所以，信息是无处不在、无时不有的。

知识性：信息是人类对客观事物的认识和描述的反映，是知识的表现。信息中蕴含的知识量越多，就越接近于知识的本质。

依附性：信息不能单独存在，必须借助介质载体才能存在、存储和传播。

传播性：信息既依附于介质实现存在，又需要通过介质进行传播。人们获得信息也是需要通过介质，同时，通过介质进行二次传播。

可处理性：人们可以通过介质传播信息，同时，也可以在介质上对信息进行收集、分类、整理、加工、转化、保护等，从而为人类所用。

时效性：事物是在不断变化的，信息随着事物也是在变化中的，一方面通过新旧信息可以反映出事物的变化，另一方面信息在一定的时间、条件下才有存在的价值。

可共享性：信息经过介质的传播和扩散后，可以被多个人共同分享和使用。这使得信息具有广泛的影响力和价值。

（二）商品属性

互联网内容产品是通过互联网孕育滋养而成的具有信息荷载和交换价值的产品，而融媒体的一些内容产品也是具有交换价值的产品。

商品是用来交换的劳动产品，这与融媒体的内容产品是一致的。

以下是关于融媒体内容产品和商品的一些共同属性。

价值：价值是商品的基本属性，反映凝结在商品中的无差别的人类劳动。

融媒体内容产品的价值体现了生产者对其付出的劳动,可以通过融媒体内容产品的版权交易、付费使用等形式体现出来。

使用价值:商品的使用价值体现在能够满足人类的使用需求,具有实际的有用性。不同的使用价值由商品本身的自然属性所决定,同一种商品具有多种自然属性,因而具有多方面的有用性。融媒体内容产品不仅能够满足人类的精神需求,还可以供人类娱乐、消费。

经营价值:商品的经营价值是针对商品的生产者和销售者而言的。在融媒体环境下,内容产品种类纷繁,数量众多,竞争激烈,经营价值变得尤为重要,销售者能够帮助融媒体内容产品脱颖而出,通过经营提升融媒体内容产品的影响力、传播力和竞争力。

(三)服务属性

张润彤、朱晓敏在《服务科学概论》一书中指出,服务一般只是指社会成员之间相互提供方便的一类活动,通常可分为有偿的、直接或间接的提供方便的经济性劳动服务。①

服务是为消费者提供价值的一种手段、一种行为、一类活动,往往以无形的状态存在。

产品包含了有形的物品和无形的服务,融媒体内容产品是无形的产品,也具有服务性,能为用户提供价值。

以下是关于融媒体内容产品和服务的一些共同属性。

无形:融媒体内容产品和服务一样都是无形的。不过,其内容产品是通过融媒体存在的,为用户在融媒体平台上提供服务。

行为:尽管融媒体内容产品的使用是通过融媒体平台实现的,但其产生和制作是内容生产者的行为体现。用户之所以能够享受这种服务,是因为他们通过融媒体进行访问和使用。

---

① 张润彤,朱晓敏.服务科学概论[M].北京:电子工业出版社,2009.

二、特有属性

内容产品的特有属性是区别于其他产品的表现，尤其是，融媒体领域中内容产品与传统新闻媒体的内容、产品是有差异的，这也是互联网时代不断演进的具体体现。

(一)以人为本

在互联网时代，用户的地位大大提升，其个体的需求和表达变得更为重要，同时，互联网的交互性、开放性给予了用户多元化、自主性的选择空间，更加需要以人为本，以用户为本。

传统媒介由于其属性的限制，只能进行单向传播，受众只能被动地接收信息，难以真正实现“以人为本”。然而，融媒体在互联网平台的支持下，具备更大的灵活性，能够从“人”的角度出发，发挥内容生产者的主观能动性，通过表达不同观点和提供多样化的信息，为用户提供个性化的产品和服务。

1.人格化表达

随着以 KOL、网红、MCN 等为代表的群体的崛起，“粉丝”成为用户表达价值认同的共同体。在过去的几年中，许多主流媒体已经抓住了这个趋势，通过改变角色、树立形象、尝试交流、创新表达等手段，塑造了媒体的“人设”，实现人格化表达。

◆案例:“新华社”B 站官方号运营

“新华社”B 站官方号介绍自己是“稳中带皮皮中有稳稳得一皮的鲜花舍”，把自己定位为段子手人设。新华社的 B 站编辑分别给自己取了“藤椒面”“香菇面”“海鲜面”“酸菜面”“打卤面”几个接地气的笔名，并频频和用户互动，拉近了和用户的距离。

图 5-1 “新华社”B 站官方号(一)

图 5-2 “新华社”B 站官方号(二)

从生产者的角度出发，以“生产者”为本，将“媒体”本身赋予人格化的特质，能够快速拉近与用户之间的距离，这种人格化的呈现使融媒体与用户之间建立了“共同语言”和“同类表达”，这样的“人设”，会为融媒体大量吸粉。

主流媒体及相关政务部门调整了己方视角的严肃叙事风格，用年轻人喜欢的话语体系和面孔，与 90 后、00 后搭建起了一座沟通的桥梁。

◆案例:总台记者王冰冰的走红

2020年8月,一条环保新闻《总台记者王冰冰:“快乐小草”,再也不用担心会“秃”了》爆红,该公益视频一经上传即冲上B站热搜榜第一,播放量超500万。网友们纷纷感叹“我的心是冰冰的”,调侃央视一下子掌握了“收视密码”。

随后,新华社张扬、中国日报彭译萱、央视军事庄晓莹纷纷走红。究其原因,是这些主持人更加人格化的表达,让叙事者和受众认同达到了契合。

(【冰冰vlog.001】带大家看看每个冬天我必去的地方,https://www.bilibili.com/video/BV1vy4y1i7bS?t=0.0)

“新华社”B站官方号将媒体本身人格化,总台记者王冰冰、新华社张扬、中国日报彭译萱、央视军事庄晓莹将真实人物人格化,从生产者角度做到以人为本,这样的形式在融媒体中广泛运用,并且取得了良好效果。

2.个性化内容

互联网时代,用户对产品的个性化需求越来越高,从用户的角度出发,做到以人为本,就是要为用户提供个性化、垂直化的融媒体内容产品。

◆案例:人民日报客户端推出《快看呐!这是我的军装照》

2017年,为了庆祝中国人民解放军建军90周年,人民日报客户端推出了一款H5产品《快看呐!这是我的军装照》,它能将个人照片合成历史上不同时期的“军装照”,从7月29日晚发布,到8月2日,人民日报客户端《快看呐!这是我的军装照》页面总浏览量达8.2亿次,朋友圈被“军装照”刷屏了。

图 5-3 《快看呐！这是我的军装照》

这个案例充分体现了以用户为本的原则。

时机把握：在建军 90 周年重要时间节点发布，利用特殊历史背景和军旅文化、红色文化吸引用户关注。

个性化满足：通过 P 图技术，将用户个人照片与 1927~2017 年 90 年间的军装照进行合成，满足每个用户的个性化需求，让用户在历史背景下找到自己的影子。

社交互动：在朋友圈等社交媒体上分享军装照，激发用户的参与感、认同感和归属感，加强用户与内容的互动。

这个案例反映了在融媒体时代，为用户提供个性化、垂直化的融媒体内容产品的重要性。从用户的角度出发，对不同社群进行分类，深入研究用户喜好，根据用户需求设计和生产内容产品，不断满足不同用户群体的需求，从而建立一个健康的内容生态循环。这种方法能够增加用户的参与度、忠诚度，提升内容的传播效果和影响力，同时也促使内容生产者更加敏锐地捕捉和应对不断变化的用户需求，还可拉近媒体与用户的关系，增加媒体品牌影响力。

（二）技术引领

融媒体是由互联网技术催生的，也会不断在技术的影响下，进行迭代和升级。融媒体内容产品形态也变得越来越多元化。

1.互动视频

在技术的不断变革下，互动视频作为一种全新的视频类型进入了融媒体用户们的视野。通过分支剧情选择、视角切换、画面互动等交互方式，互动视频为用户带来了更具有参与感和沉浸度的观看体验。

◆案例：互动微电影《抉择》

2021年，人民日报新媒体中心联合B站在建党100周年之际推出的互动微电影《抉择》，包含三条故事线、三个不同年代青年的抉择。观看视频时，用户可以化身为剧中人物，在电影情节中选择走向，故事的主线是不变的，但是剧情会根据用户的选择而展开不同的演绎。

交互式视频能将触觉和视觉融为一体，给用户带来身临其境般的沉浸式体验。同时，用户可以通过参与改变剧情的发展，并从中获取不同的信息。

（https://www.bilibili.com/video/BV1mM4y1T7q5？t=10.0）

相比直播、短视频等视频形态，互动视频高难度的创作模式使得行业准入门槛较高，视频数量较少。用户还未完全养成主动寻找互动视频的观看和传播习惯。与其他视频的传播效果相比，互动视频的影响力较小，知名度、普及率仍然相对较低，用户黏性有待提高，但作为媒体内容与新技术碰撞出的尝试，互动视频的推出丰富了融媒体内容产品的多样性形态。

2.H5

H5产品具有极强的互联网产品属性。创作者在这个过程中更像一个产品经理，不仅要完成素材的创作与整合，还要自定义产品形态，并找到合适的技术方案实现这种形态。H5能够给用户提供沉浸式阅读体验，因此，在参与感和互动性方面表现出色，很容易形成传播声浪。尤其是在融媒体领域创作H5时，发挥文字、图片、音频、视频、动画等元素的优势，甚至将3D、VR等技术应用在H5之中，也成为各媒体展示技术能力的方式。

◆案例：H5作品《听·见小康》

新华报业创作的H5作品《听·见小康》，根据江苏全省13个地市及江苏对口帮扶五省区的60多个小康故事的主要内容创作而成，采用技术手段融合了100多个视频、音频内容，凸显"听"和"见"的特色。同时，H5充分融合了"听·见小康"大型融媒体行动成果，将行动中"小康幸福车""小康签名长卷""小康留声机"的内容嵌入H5进行生动展现。

（http://jshare.xhby.net/xiaokang/）

H5最大的优势在于能够汇聚文字、图片、音频、视频、动画、3D、VR等内容形态，从而创造出一个多样态融合的融媒体内容产品，提升内容的表现力和吸引力。但是，一些媒体在追求H5界面的视觉效果时，过于注重花哨的设计，强调带给用户强烈的感官体验，而忽略了内容和观点的传达，导致主题不突出、表述不清等问题。对用户而言，无法获得共鸣、认同等体验容易导致审美疲劳，无法留下长远的印象与记忆。因此，在创作H5时，需要更好地平衡视觉、听觉效果和内容传达，确保用户获得丰富、有意义的体验。

3.富媒体

◆案例：新华网富媒体产品《大河奔流　黄河流域生态保护和高质量发展》

该内容产品综合运用了竖屏互动视频、VR全景、3D模拟、媒体大脑MAGIC视频、手绘长图、卫星数据、专家访谈、数据分析、H5等多种媒体形态，分为"天下黄河""绿色屏障""岁岁安澜""大河息壤""流动史诗""因水制宜""专家解读"等七个部分，每个部分以特定的主题展示，形成了一个完整的"述说"脉络，全景式展示黄河流域生态保护、长治久安、水资源节约集约利用、高质量发展和弘扬黄河文化等多方面内容。

新华网的富媒体产品又是一次技术与媒体内容的碰撞，综合运用3D动画框架threejs实现首屏动画轮播，使用VR技术让用户滑动屏幕360度查看黄河实景，利用成熟的echart框架技术实现海量数据的可视化展示，全网累计访问量超3000万。

(http://liveun.news.cn/2020/huanghe/index.html)

但是，产品中存在过多的交互设计会分散叙事的整体性，导致用户无法深入理解主要内容。另外，产品中复杂的技术运用可能会导致浏览时间过长，不太适合在移动端进行传播。为了提升产品的可理解性和适用性，可以考虑简化一些交互设计，以及优化技术运用，使用户能够更快速地获取主要信息。

4.AI

随着人工智能(AI)技术的不断发展，媒体生产正在经历向智能化和高效化发展的革命，媒体产能显著提升，促进了媒体向智能媒体时代发展。

这一趋势在多个方面都有体现。首先，AI技术在内容生成方面的应用，如自动化写作和生成，使媒体能够更快速地创建稿件，及时发出报道。这种自动化的内容生成不仅可以节省时间，还可以满足用户日益增长的高品质内容需求。

其次，AI 技术在内容推荐和个性化推送方面的应用，使媒体能够更准确地分析用户的兴趣和偏好，为用户提供更有针对性的内容推荐，从而提升用户的阅读体验。

再次，AI 技术在媒体分析和数据处理方面的应用，使媒体能够更快速地从海量数据中提取有价值的信息，进行趋势分析和预测，从而更好地了解受众需求和市场动态。

最后，在视觉和声音处理方面，AI 技术可以用于图像和视频的自动标注、内容识别和分析，以及语音识别和合成，进一步增强多媒体内容的创作和传播。

总的来说，AI 技术的广泛发展确实为媒体生产带来了巨大的变革，使其变得更加智能化和高效化。融媒体在信息技术和传媒技术进一步融合下，不断探索创新，将促使媒体融合向纵深发展。

廖祥忠在“未来传媒：我们的思考与教育的责任”一文中指出，目前大行其道的融媒体、全媒体和智能融媒体，是传统媒体和网络媒体走向未来的过渡阶段和必然路径。媒体融合是过程，不是结果，最终将迈向智能融媒体，迎来真正的“大众传播”时代。①

◆案例：AI 剪辑

2022 年北京冬奥会上，央视频 AI 智能内容生产剪辑系统可以在短时间内将海量的比赛内容自动化浓缩成几分钟的集锦，并定向发布，用科技助力冬奥会，为体育粉丝创造全新的体育视听与社交社群互动体验。

（《谷爱凌在北京 2022 冬奥女子大跳台夺金集锦》，http://vd3.bdstatic.com/mda - nb82vdja97v1fhja/360p/h264 _ delogo/164437 2098247924865/mda - nb82vdja97v1fhja.mp4）

---

① 廖祥忠.未来传媒：我们的思考与教育的责任[J].现代传播（中国传媒大学学报），2019(3)：1-7.

◆**案例:AI 配音**

中国日报新媒体中心出品的“上缴一个印第安人头皮,美国政府奖励 50—100 美元”使用了 AI 配音。

(https://www.bilibili.com/video/BV1NL4y1b78t? t=0.0)

AI 配音主要基于智能语音识别和生成技术。当前,很多软件可提供 AI 配音功能,如智影、讯飞智作等。但是目前来看,AI 配音的机器感仔细听还是能分辨出的,因此 AI 配音适用于一些短平快的作品,或是刻意营造机器感的作品。

◆**案例:AI 主播**

AI 主播可定义为基于“自然交互 + 知识计算”智能理念,结合语音及形象合成技术,向观众展现出生动逼真传达效果的主播,它主要有三个特征:极具拟人化传播效果;24 小时待命实时传递信息;智能数据处理提高工作效率、节约人力,从而减少制作成本。

(《上新!央视新闻 AI 手语主播正式亮相》,https://www.bilibili.com/video/BV1nS4y1R7wk?t=0.0)

人工智能背景下,真人主播工作中程式化的部分被人工智能替换的可能性越来越大,在一定程度上会倒逼传统主播寻求职业上的转型升级。当然,目前被人工智能所替换的更多是工具化运用(如节目中的文字播报内容),真人主播的个性、气质、思想情感等个体化竞争力是人工智能目前还无法实现的。

5.元宇宙

“元宇宙”是指利用虚拟增强技术来扩展和增强物理现实的概念,基于未来互联网的具有链接感知和共享特征的 3D 虚拟空间。大家也可以将元宇宙理解为“超越现实的虚拟宇宙”,它在某种程度上与现实世界平行存在,但又拥有自己独特的属性和规则。

目前,“元宇宙”的定义尚不完全明确,但它已经成为一个备受关注的概念,在不同领域引发了许多讨论。元宇宙尚处于早期的厘清定义和框架搭建阶段,但元宇宙的一些支撑技术已经出现并不断提升,如交互技术、电子游戏技术、人工智能技术、区块链技术、网络及计算技术、物联网技术。这些新技术不仅支撑元宇宙的建构,也将对融媒体的发展产生深远影响。

在元宇宙中,人们可以通过虚拟现实设备进入一个以数字化方式创造的世界,与其他用户进行交互、沟通、共享资源,并参与各种活动。这种体验超越了传统的虚拟现实,使人们能够更深入地融入虚拟环境中。元宇宙有潜力改变人们与数字世界的互动方式,创造出更丰富、更沉浸式的体验,同时也为媒体和内容创作提供了全新的可能性。各家媒体和互联网机构也在积极尝试,例如中国日报有一个关于元宇宙的内容,从制作上看,相对还比较初级。

◆案例:《全网独家！在元宇宙里吃火锅》

(https://www.bilibili.com/video/BV1tD4y1c7G5?t=297.9)

(三)舆论引导性

2016年,习近平总书记视察人民日报社、新华社和中央电视台三家中央媒体,并主持召开党的新闻舆论工作座谈会。在座谈会上,习近平总书记强调,新闻舆论工作各个方面、各个环节都要坚持正确舆论导向。各级党报党刊、电台电视台要讲导向,都市类报刊、新媒体也要讲导向;新闻报道要讲导向,副刊、专题节目、广告宣传也要讲导向;时政新闻要讲导向,娱乐类、社会类新闻也要讲导向;国内新闻报道要讲导向,国际新闻报道也要讲导向。①

舆论一直以来都是影响和推动社会发展的重要力量。媒体自诞生之日起就是向大众传播信息的介质,传播的信息代表了媒体的态度、价值观,对人民大

① 习近平.习近平谈治国理政(第二卷)[M].北京:外文出版社,2017:332-333.

众直接产生引导作用。舆论导向一直是媒体的工作内容,也是主要职责,通常通过媒体生产的内容来进行引导。

融媒体内容产品是融媒体进行舆论引导的具体表现形式,坚持正确的舆论导向意味着要将融媒体内容产品打造成影响社会发展并推动社会进步的作品,将唱响主旋律、传播正能量,发挥统一思想、凝聚共识的作用。通过融媒体内容产品,媒体能够传达积极的价值观,引导公众关注社会问题,以及提供有益信息,从而为社会带来积极的影响。

三、影响因素

融媒体内容产品的属性既受到内在因素的影响,又受到外部因素的制约。

传统意义上的媒体生产的只有内容,传播链是"内容→渠道→受众";但是,进入互联网时代,传统媒体演进成了融媒体,"内容→融媒体内容产品","渠道→平台","受众→用户"。这些变化,不仅是从前端到终端,而且是从内部因素到外部环境都发生了变革。

考量融媒体内容产品的属性,必须同时考虑内在因素和外部环境产生的影响。内在因素包括内容的质量、形式、创意等,这些因素直接影响融媒体内容产品的吸引力和传播效果。然而,外部因素也至关重要,包括社会、文化、技术、用户行为等多方面,外部因素的变化既会影响融媒体内容产品的属性,也会影响其在外部环境中的适应性。

在这个新的环境下,要考虑外部因素对融媒体内容产品的影响,以及如何在不断变化的外部环境中灵活调整融媒体内容产品的生产策略。只有紧密关注外部环境的变化,及时调整内容的制作、传播和互动策略,才能不断提升融媒体内容产品的质量和用户体验,为用户提供更有价值的内容。

(一)平台因素

1.平台特性

内容产品的传播依赖于媒介平台。融媒体的媒介平台既有传统新闻媒介,也有网络媒介;有固定端平台,还有移动端平台。不同平台具有不同的特性,用户喜好也不同,因此,传播平台的复杂、多样性是融媒体内容产品要面对的平台特性。

针对不同平台,制定相应的传播策略和推广方法,以适应不同平台的特点和受众,这一点非常重要。

2.平台竞争

互联网是融媒体内容产品最主要的传播平台,同一主题、同一类型的作品往往来自 PGC 端和 UGC 端,同品类的竞争是最激烈也是最残酷的。

此外,在传统新闻媒介平台中,内容产品的传播和接收基本都是免费的,但是,在互联网平台中,有些融媒体内容产品观看或使用是需要付费的。例如,电视剧在电视频道播出是免费观看的,而在视频网站观看完整电视剧常常是需要付费的。收费为融媒体内容产品的生产者提供了再生产的可能,但是免费能够给融媒体内容产品带来更多的点击率、曝光率。因此,选择传播平台也是需要着重考量的。

3.接收终端

跨屏时代,融媒体内容产品需要考虑不同终端上的传播效果。不同的屏幕尺寸和形态,如大屏和小屏、横屏和竖屏,对内容展示的效果和用户的体验都会产生影响。因此,针对不同的终端,需要生产适应性强的融媒体内容产品,以确保在各种终端上都能够提供良好的阅读、观看和互动体验。

(二)用户因素

融媒体内容产品的用户可以从两个维度来考量:用户的垂直程度和用户间的关系亲密度。这些因素对融媒体内容产品的定位和传播策略起着重要作用。

用户的垂直程度反映了用户的特定属性和需求。用户的垂直程度越高,用户特定属性的同质度就越高,需求方面越接近。因此,融媒体内容产品需要更精准地满足他们的共同需求。针对不同细分领域的用户需求,融媒体内容产品的定位应更具体,以便更好地满足目标受众的期望。

用户间的关系亲密度对融媒体内容产品的传播有影响。用户间关系的亲密度越高,用户彼此间的交流、了解与信任程度越高,对融媒体内容产品的传播越有利,越容易被推荐。为了增加融媒体内容产品的传播力,可以考虑通过多样化的内容扩展,满足不同类型用户的相似需求。此外,引入社交分享、评论互动等功能,更好地促进用户之间的交流和共鸣。

综上所述,理解用户的垂直程度和用户间的关系亲密度,可以为融媒体内容产品的定位、创作和互动传播提供重要的指导,从而更好地满足不同类型用户的需求,实现内容产品的预期目标传播。

(三)监管因素

融媒体内容产品是信息和产品的综合体,它既要遵守经济领域的规则,也必须遵循相关管理规则的要求,要走健康发展、可持续发展之路。在这一过程中,监管既能保护融媒体内容产品的发展机遇,又能为其解决遇到的问题。

互联网的开放性和包容性为融媒体内容产品的发展创造了广阔空间,但是,机遇和挑战也是并存的。监管的目的就是要解决问题、保护机遇。融媒体内容产品需要遵循国家政策法规的监管,也应符合社会的公序良俗、行业的职业操守,确保内容合法合规。

在不同领域的监管框架下,融媒体内容产品的制作者应当承担责任,确保内容合规、真实,同时也要理解和遵循社会和行业的规范,以实现内容的良性传播和积极影响。

第三节　融媒体内容产品的特征

融媒体内容产品兼具信息和产品的特征,既有二者的基本特征,还有二者结合后的专有特征。

一、基本特征

从信息角度着眼,融媒体内容产品具有以下基本特征。

客观性:信息是对客观事物的表达和描述,它在传递知识、观点和事实方面具有客观性。融媒体内容产品通过传播不同类型的信息,如新闻、科普、娱乐等,反映了客观世界的多样性。此外,它既能传播知识,也能够辟谣。

流动性:信息可以在不同的媒介和平台之间流动传播。融媒体内容产品借助移动互联网和传统媒体可实现信息的广泛传播,到达更多的受众。

联系性:在一切通信和控制系统中,信息是一种普遍联系的形式,尤其是在互联网环境下,信息具有强大的联系性,不同信息之间可以相互关联和链接。融媒体内容产品通过链接不同的内容、资源和用户,构建了更加综合和多元的信息网络。

从产品角度着眼,融媒体内容产品具有以下基本特征。

兼容性:融媒体内容产品可以包含多种类型的信息,具有多重属性,能够满足不同用户的需要、同类用户不同的诉求。例如,融媒体内容产品与电商相结合,短视频中加入商品链接就能实现可看可购买。

可试性:融媒体内容产品可以通过试看、试读等方式让用户提前体验,从而决定是否继续获取全部内容。这在视频、音乐、电子书等领域常见,提前体验帮助用户做出购买决策。

效益周期:融媒体内容产品的效益周期可以因不同类型和内容而异,也可以理解为用户体验产品益处的快慢程度。反映在"爆款"产品上,有的产品上市即爆款,有的产品经过一段时间才发展成爆款。

产品象征性:融媒体内容产品所呈现的信息和价值观可以成为品牌的象征,影响用户的认知和情感,具体体现在用户在购买、使用产品中的体验。这在 PGC 领域比较突出,产品生产者的知名度对产品有影响。

二、专有特征

(一)轻量化

移动互联网的发展催生了融媒体内容产品的轻量化特征。在日常生活中,我们很难用手机刷完一条长视频，都是在接收轻量化的短视频信息，轻量化内容更易于在移动设备上浏览和分享，同时也促进了用户自主创作和个性化表达。

轻量化也意味着内容创作的门槛不断降低，人人都可以是创作者和传播者，可利用短视频记录并分享技能、自身情感等内容，使得现在平台上的内容更趋于个人化。

1. Vlog

Vlog 是一种以第一人称视角来记录日常生活的个人视频博客，通过视频展示自己的经历、情感和见解。这种形式融合了第一人称的情感表达，使观众能够更深入地了解创作者的内心世界和真实感受。

近年来，我们不难发现 Vlog 在融媒体领域，特别是主流媒体中的应用逐渐增多。这种趋势反映了人们对于亲近、真实和个性化内容的追求，使得内容传播更加有趣和引人入胜。

◆案例：中国日报“小彭的 Vlog”

“小彭的 Vlog”中带有创作者强烈的个人主观色彩。每集一开始，小彭会面对观众宣布自己为何要踏上一段新的旅程，然后经过一路奔波，找到故事主人公，在少则两三天，多则一两周的时间里，伴随主人公经历他/她的生活日常，并对其进行碎片化的访谈。在每集片子的结尾，她都会再以第一人称叙述的方式面对观众谈一谈这段旅程带给自己的体验与成长，以及从这个人身上学到的道理。与其说这是 Vlog，不如说它更像美国纪录片导演 Michael Moore 的“参与式纪录片”（Participatory Documentary）风格。其中最为典型的特征是：无论画面里的主人公在说什么、做什么，小彭总要“调皮”地把脸凑进画框里。

片中，海岛驻守部队中的军人被她用固定镜头一直拍摄，说“你老拍我，我都不好意思了”，她回一句“没关系的，我也不好意思”，众人哈哈大笑。

（《小彭的 VLOG：我最不忍看你背向我转面》，https://www.bilibili.com/

video/BV154411D7a7?t=0.0)

这种新闻机构主动放低姿态,恰到好处的"示弱",反而让记者显得非常纯真可爱,让观众产生保护欲望,希望通过自己的持续关注与鼓励,守护"小姐姐的成长"……不知不觉,原本传统媒体面向大众输出价值观的"教化"逻辑,已经转变为大众主动关注、跟评人格化媒体代表的一举一动,为之付出注意力与感情的"粉"逻辑。

除此之外,B站还有大量的个人账号,通过Vlog记录自己的日常生活。UP主们一般都有鲜明的个人风格或垂直的领域,针对自己的用户群体,生产他们喜爱的内容。

◆案例:B站Vlog

(【璐英流的Vlog】《瘫痪5年后,我在残运会上夺得两枚金牌!逆风翻盘,向阳而生!》,https://www.bilibili.com/video/BV1Hv411T7Y1?t=36.4)

(【康呦喂的Vlog】《3天2200公里,我和「奥力给」奔现了》,https://www.bilibili.com/video/BV1y7411v7ed?t=103.4)

(【阿特警官的Vlog】《进击!神秘宾馆墙背后的秘密!》,https://www.bilibili.com/video/BV1zg411377g?t=125.6)

2.竖屏短视频

竖屏短视频更符合人们日常拿手机的习惯,近年来被越来越多的用户青睐。除了抖音和快手是竖屏短视频的主阵地,B站、视频号、微博、小红书等也都在向竖屏短视频倾斜。

◆**案例:《主播说联播》**

2019年,央视新闻推出了《主播说联播》短视频栏目,该栏目将新闻锐评与短视频创新融合。栏目的主播和策划团队拥有在传统媒体工作多年打下的扎实业务能力,能够输出专业而犀利的观点;同时,又有与传统媒体完全不同的风格,用极具张力的个性化方式进行表达,产生了反差。这档1分钟竖屏新闻短评在全网迅速走红,不少网民开始"粉联播"。此外,2022年央视在春晚首次采用了竖屏直播,开启大屏小屏同步直播春晚、互动抢红包封面、点赞打call精彩节目、发表情包送祝福等。

(《【主播说联播】为什么成年人只关心高考作文?这个答案扎心了,https://www.bilibili.com/video/BV1kt4y1Q792?t=60.0)

(二)多样化

在融媒体时代,内容创作者倾向于运用更丰富的视听手段,以满足用户对多样化体验的需求。这种趋势旨在为作品注入更丰富的视觉和听觉元素,从而最大限度地吸引用户的注意力,提升内容的吸引力和影响力。融媒体内容产品不再局限于传统的文字表达,还涵盖了多种视觉和听觉形态,如图片、漫画、动画、影视、纪录片以及特效等,把主题内容和表现形态精准匹配,体现了深度融合的互联网思维。

◆**案例:中国日报《老外看小康中国》**

这部作品中,多种手段灵活运用,现场实拍、动画、人物采访三种形式巧妙穿插,大量运用动画视频辅助叙事,把抽象的理念具象化,降低了海内外受众的理解门槛,生动展示了全面小康的宏观理念,创新了主旋律纪录片创作手法。

(https://www.zgjx.cn/2021-10/25/c_1310259438_5.htm)

◆案例:中国日报旗下“图图是道”

中国日报“图图是道”微信公众号创办于2016年,依托于同名融媒体工作室,根据自身兴趣爱好,以柔性组合的方式,通过制作精良的长图漫画配合通俗风趣的文案,以特色条漫产品形式宣传习近平新时代中国特色社会主义思想、弘扬社会主义核心价值观、普及科学知识、传递正能量。在党的十九大、改革开放40周年、中华人民共和国成立70周年、脱贫攻坚全面奔小康等主题报道中均有亮眼表现,通过制作精良的长图漫画配合通俗风趣的文案,实现硬核内容“软”着陆。特别是在2020年抗击新冠疫情、反击美西方污名化的伟大斗争中,“图图是道”用自己独特的条漫形式,贴合热点新闻、精选科学知识,以浅显易懂兼具趣味性的方式向受众进行科普。

(https://mp.weixin.qq.com/s/d4ry61-vjDlBGH5T29d8yw)

(三)交互性

传统的H5互动、大小屏跨屏互动、直播评论和抽奖等互动手段在融媒体产品中已不再新鲜,随着技术和创意的不断发展,线上和线下创意联动成为新的融合突破口,交互视频不仅能够看和听,还能体验,让用户参与剧情的发展。从而进一步拉近了融媒体内容产品与用户之间的距离。

◆案例:《【毕导】人生的重大决定!哪年才能毕业?喜欢看哪位UP?读评论#2》

和粉丝互动往往是自媒体的标配,除了评论和抽奖之外,很多自媒体的选题也来源于和粉丝的互动。比如UP主“毕导”经常会向粉丝征集想看的选题,或是在自己“选题荒”的时候发布专门回应网友评论的视频,由此也拉近了自己和粉丝的距离,塑造了有血有肉、真实可感的人设。

(http://www.bilibili.com/video/BV1ny4y1S7rs?t=24.8)

◆案例:B 站 UP 主"小帅家的大狼狗们"

B 站 UP 主"小帅家的大狼狗们"自从 2019 年更新了第一期搭狗窝的视频,之后每一期都在应网友的要求给狗窝不断升级,最终升级成了超豪华狗窝。此账号用不断满足用户期待的方式,从一个无人问津的小号发展成了拥有几十万活跃粉丝的大号,用户也从中获得了和 UP 主共同成长的感觉。

(第 1 条:《我的这个招牌怎么样?》, https://www.bilibili.com/video/BV1W4411S7dd?t=0.0)

(第 2 条:《经过几万网友的提议,狗窝又又又更新了,你们说还缺啥?》,https://www.bilibili.com/video/BV1M4411S72d? t=12.3)

…………

(第 454 条:《狗窝里的秘密基地又开挖啦,带你们看看秘密基地又挖到了哪里!》, https://www.bilibili.com/video/BV1N84y1C7ik/? spm_id_from=333.999.0.0)

(四)解构化

在当前这个"注意力稀缺"的时代,解构化特性在传统新闻媒体中显得尤为重要。传统媒体所采用的"独白式"宣传方式已经不再奏效。尤其是在国家出台重大政策和规划时,以往那种高唱赞歌的宣传方式已经无法引起广泛共鸣。因此,传统新闻媒体需要从基本逻辑出发,对这些政策进行解构,深入了解政策与普通人生活的关联,革新叙事方式,用普通人听得懂、听得进去的方式进行宣传。

◆案例:《把 Flag(目标)都达成是一种怎样的体验?这份"国家级"理解来了!》

中国日报和 B 站 UP 主"小缸和阿灿"等合作的视频就采用了政策解构的思路。"十四五"规划是国家提出的 2021~2025 年的发展规划,是国家下一步发展的纲领性文件。而在分析国家历届五年规划后,创作者们发现,这些规划不就像我们每个人在不同阶段立下的“flag”吗? 于是,策划就通过“flag”这个小概念解构了五年规划这个大政策,整期节目一边分析国家的五年 flag 屡屡达成的原因,一边给大家如何达成自己 flag 的支着儿,大处着眼、小处立足。同时,创作者们也利用两位网红比较强的表现力,为他们加入了一些表演桥段,生动地复刻了一个正在立 flag 的你的样子。

(https://www.bilibili.com/video/BV1AU4y1p7Mw?t=0.0)

◆案例:《“一带一路”睡前故事》

这是中国日报在 2017 年针对第一届“一带一路”高峰论坛的策划。这部作品曾获中国新闻奖融合创新三等奖,并引发了海外媒体的报道热潮,是解构宏大主题的经典案例。

《“一带一路”睡前故事》形式寓教于乐,并且充满童趣,将国际时政融入睡前故事之中,显著降低了“一带一路”这一话题的接受门槛。系列视频不仅用英语讲故事,更用英语思维和易于接受的趣味形式为海外受众普及“一带一路”倡议及相关知识。五集系列视频的主题不断深入,有很强的内在逻辑。从解释什么是“一带一路”倡议,到有哪些国家已经加入了“一带一路”倡议,再到参与各国将会在哪些方面实现合作,以及“一带一路”倡议与全球化的深刻关联,层层递进,逐步展开,堪称一场充满童趣的理念传达及知识普及。

在拍摄的具体环节,制作精良,可看性强,注重细节把控。编导与外籍专家锤炼打磨语言,小心把握措辞又整体考虑表达的童趣与简明易懂。通过地球仪、积木、贴纸等儿童玩具形象地展示出“一带一路”倡议的核心理念,让系列视频既有童趣,又有营养。经过编导努力,最终打造出符合社交媒体传播规律、符合海外青年受众接受习惯、形式小而美、内容浅而新的系列视频作品。

分集内容:

第 1 集《美国爸爸一分钟为女儿解释“一带一路”,五岁萌娃居然听懂了》

第2集《一带一路和全球化有什么关系呢？美国奶爸是这样给萌娃解释的》

第3集《萌娃问谁能加入一带一路？奶爸：这些天南海北的国家都来了》

第4集《萌娃问：一带一路就是把东西搬来搬去吗？看美国爸爸怎么回答》

第5集《萌娃：建设一带一路钱从哪里来呀？奶爸：这就要从存钱罐说起了》

第六章　融媒体内容产品的生产流程

生产流程，又叫工艺流程或加工流程，是指在生产工艺中，从原料投入到成品产出，通过一定的设备按顺序连续地进行加工的过程，通常用在工业生产领域之中。

在上一章中，我们已经论述了融媒体的内容产品要基于融媒体平台进行传播，涵盖了文字、图片、音频、视频，以及 H5、AR、VR、XR 等多种形式，并且还具有产品的属性和特征。在本章中，我们将对融媒体内容产品的生产流程进行梳理，学习和了解融媒体内容产品生产和传播过程。

第一节　策划选题

当下，在信息爆炸的时代，融媒体从业者如何让自己生产的融媒体内容产品被看到、被关注、被转发，首先要从做好选题策划开始。在策划阶段，首先要做的是根据平台和账号属性，对当前热点或拟关注的可能成为热点的内容进行分析，从而确定题材。

一、选题原则：大选题、小切口

为什么要选择“大选题”？因为，大选题有高度、有分量，也有热度，选择关注大选题,呈现出媒体关心社会热点、承担社会责任的品质,而且客观、公正地呈现核心事件、人物故事,能够传递积极正向的价值观。但是,大选题、大事件被媒体关注得多,被生产的内容也多,受众容易对信息产生倦怠感。

面对宏大选题或重大选题的时候,要放下高高在上的姿态,从普通生活中最常见的事或物入手,发现变化、探寻与大选题的关联度,从而增加用户的熟悉度、兴趣点,拉近与用户的距离,进而才有机会获得认同、共鸣、转发等。

大选题要选对小切口。对于以人物为主体的大选题,我们应该挑选具有饱满人物特质的人物作为切入人物,例如,选择有趣、有意思、有典型性的人物,以及那些能够代表一定群体或特定价值观的人物,这样能够在报道中增加吸引力和共鸣。挑选的人物可以不是知名人物,而是参与事情全部过程的普通人,以他的视角来呈现事件的全过程。对于以事件为主体的大选题,可以选择事件的矛盾点、冲突点,围绕焦点展开呈现,也可以选择事件的开始点或者结束点(结果),用顺序或倒叙的形式呈现整个事件。

◆案例:事件主题的小切口:全国“两会”

全国“两会”是指中华人民共和国全国人民代表大会和中国人民政治协商会议,每年3月召开。每年的全国“两会”都是全国乃至世界各国媒体聚焦的热点,也是各家媒体专业技能大比拼的“竞技场”,因此,几乎每年的“两会”报道中都会有爆款作品诞生。

全国“两会”是一项政治领域的大活动,如何发挥创意,让这类报道变得有趣、有意义,特别是在国际传播中,如何让外国人也能够理解和关注?

《英国小哥再次穿越侃两会,这次好像掉进巨人国!》是一个经典的案例。

(https://mp.weixin.qq.com/s/gUKXPZFPEtqrMm27Vcg1DA)

2017年全国“两会”期间,中国日报推出短视频节目《英国小哥细数“两会”热词》,视频里的中国日报外籍员工以英国小哥方丹的形象出现,通过变幻无穷的视频形式再侃"两会"。该短视频通过影视抠像技术,将方丹缩小后置于办公桌上,通过方丹与桌上物品互动的新颖形式,回顾了过去几十年来中国的发展,把全国"两会"的热词,"发展""前进"等正能量词语用中国历史串联了起来,简洁明快地梳理了中国社会经济发展的脉络。通过外国人讲中国故事这种形式,使用"英国小哥"这一贴近性信源来讲他眼中的"两会",来讲中国的发展,由此产生了更令人信服的修辞力量。

在这个案例中,全国"两会"是大选题,小切口就是通过"热词"来阐述"两会"中关注的重点和要事。每年的全国"两会"上各类型的报告多达几十万字,涉及国家方方面面,一个短视频无法显现完整。通过找到"两会"中的"热词",就是抓住当年"两会"关注的重点,这样以小见大的方式,把"两会"的热点呈现出来,非常巧妙。视频上线后迅速引爆传播,这种"小人国穿越"的方式甚至引发了另外两家央媒的效仿,它们也推出了同类视频。

二、拆解选题:讲故事、抠细节

在日常的实践中,我们接到一个选题时,其实也是接到了一堆的"创作困难"。

学会戴着镣铐"跳舞"是一切创作开始之前要做的准备,无论在大学校园还是毕业后在媒体,抑或是从事自媒体,各种主观客观的局限是一定存在的。拆解选题是要分析选题的具体内容,找到可能的切入点,从而更好地理解选题和构思创意。拆解选题可以说是为选题的内容搭建框架的思考过程。具体来说,拆解选题要明白三个点:做什么?给谁看?怎么做?

"做什么":是要确定创作目标和任务,明确要做什么样的内容。确定了做什么就是确定了创意方向和聚焦点。

"给谁看":是要确定目标受众是谁,知道他们有什么样的特点和喜好。了解受众,可在创作过程中更准确地选择内容和呈现方式。

"怎么做":是要制定实际的策略和步骤,确定如何达到目标。这包括选取合适的素材、设计创意、选择呈现形式等。

在拆解选题的过程中，还有以下步骤需要同步进行。

收集素材：根据选题，列出可能需要的素材清单，可以包括文字、图片、视频、音频等，有助于在创作过程中更有针对性地挖掘内容。

寻找逻辑线：在构思创意时，尝试寻找一个逻辑线索或主线，将不同的要素连接起来，形成一个连贯的表达结构。

构思创意：在思考创意时，寻找引人入胜的元素，它可以吸引受众的注意，引发受众兴趣，并贯穿整个创作过程。

适配资源：根据时间、预算和可用资源，合理调整和设计创意，有时候需要放弃某些想法，或者寻找更创新的方式来应对资源限制。

◆案例：第五届世界互联网大会　中外部长论坛开场宣传片

2018年9月30日，我接到了一个创作任务，当时我只拿到了一张A4纸，上面写着：11月初将在乌镇召开第五届世界互联网大会中外部长论坛，需要一个开场宣传片，主题是"弥合数字鸿沟"。说实话，当我看到这个任务时，我连"弥合数字鸿沟"的概念都不够明晰，那怎么办呢？

因此，我迅速组建团队，首先带着大家去查什么叫"数字鸿沟"。经过查询后发现，当提及数字鸿沟时，大家本能地可能会想到是在经济发达和经济不发达地区之间存在鸿沟。其实数字鸿沟是指在数字化进程当中，经济发达与不发达地区之间存在鸿沟，不同的年龄层和文化水平之间存在鸿沟，全球各国各地区之间存在数字鸿沟。在全球一体化的今天，数字化的发展带来的数字鸿沟在加深，这是全球共同要去探讨和解决的问题。了解清楚了主题是什么，接下来就是拆解选题。

明确"给谁看"。在第五届世界互联网大会上，来自30多个国家的部长和企业负责人出席这个论坛，宣传片在现场播放，目标受众是他们。那么我们要给他们"看什么"？我们要向世界展示的是中国在弥合国内的数字鸿沟方面做了哪些努力、中国向世界提供了哪些帮助。

在确定了这个方向后，这个宣传片“怎么做”是我和我的团队面临的非常现实的问题。因为当时这个任务下来之后，其实我本能上是觉得不可完成的。宣传片，常规来说需要去实际拍摄，但是，在这么短的时间内，从策划到完成拍摄到剪辑制作完成，这么大的选题，光在国内去协调各种资源，安排各种行程拍摄几乎是不可能的，所以“怎么做”是我在拆解选题时面临的最大困难。但是，根据适配的资源和仅有的周期，我决定放弃实拍，利用现有的素材去剪辑。选取哪些素材呢？我在拆解选题的同时，带着团队查找了近三年以来跟数字经济、科技等相关的中国政府友谊奖的获得者，以及几大互联网头部机构近三年以来的所有宣传片。此外，那年正好是改革开放40周年，有很多文献纪录片正在播出，所以我们又去查国家级媒体都做了哪些总结性片子。基于这些，我们列出了素材清单。

当时参会的很多政要人物来自共建“一带一路”国家，为了拉近跟受众的距离，我选择用非洲大象的镜头作为开头，从“一分钟大象心跳多少下”切入。但是这个方案被否了，原因是这是在中国的主场，还是要用中国元素，不要用非洲大象。对此，我非常苦恼，一直到凌晨被风雨吵醒，我的脑海里瞬间出现了熊猫，熊猫这个具有国际友谊形象的代言人，是外国人也非常喜欢的。那么一个正常健康的熊猫，它一分钟的心跳是多少下呢？我赶紧上网查，查到了成都一份报纸的报道，说某一个生病的大熊猫经过医护人员的抢救和治疗之后，终于恢复到了一分钟心跳80下。最终这个方案得以保留下来。

三、选题规划

融媒体的内容产品是持续发布的，既要避免发布重复的内容，也要避免遗漏对重要事件的报道，因此制定选题规划是非常有必要的措施，同时，对选题的规划按照时间，从年度到月度再到每周，为选题策划提前做好准备。

建立年度大选题思维：做一张大的表单，把现行公历的节假日、纪念日，尤其是联合国通行的像六一国际儿童节、五一国际劳动节等节假日，以及中国农历传统文化的节日都放进去，同时根据所在的行业或特定的目标用户群体的特点，把涉及相关的重要节点也放进去，比如，国家级媒体把全国“两会”、当年的重大主题报道等都放进去，而以大学生为主要用户群体的账号就要把放假、开学、体测、英语四六级考试、期末考试周、社团招新、暑期社会实践等重要的节点也放进去。

月度选题的执行是根据年度大选题单来进行的，在每月的月初或上个月的月末，根据年度大选题单的安排来规划选题的具体执行。同时，在每周的选题会上，要有更为具体的选题执行方案，有一些新增的热点在每周的选题会上出现，另外还有一些比较特殊的情况，就是面对突发的事件或社会热点，及时做出反应和调整。

第二节　驾驭选题

在上一节中，我们从宏观层面探讨了融媒体内容产品生产的选题策划。而在本节，我们将转向实操层面，讨论如何发现和深挖精彩的选题，以确保我们的内容能引起受众的共鸣。在融媒体时代，内容产品是传媒行业的核心竞争力。如何从大选题中找到能够引起受众共鸣的小切口选题是每位媒体人都要面对的首要问题。

一、关注身边人、身边事

身边的人和身边发生的事情往往是我们最容易忽视却又最具有价值的选题来源。我们身处其中，对于周围环境的观察和感受更为真切，也更容易引起受众的共鸣。

从身边找灵感是找到小切口选题的最好方式。生活中的细节是丰富选题的宝库。面对百姓生活的选题，可能是邻居的一句幽默话语，也可能是小巷里一家新开的小餐馆，这些看似平凡的事物往往可以成为我们的选题切入口。因为这些细小的生活点与百姓们的生活息息相关，紧密相连，能够成为连接受众与选题最有效的桥梁，值得我们挖掘和呈现。

此外，我们身边有着许多鲜活的个体，他们都是我们的身边人。比如，在大学校园里，身边人里有的我们很熟悉——朋友、同学、老师；有的与我们息息相关——楼妈、食堂师傅、快递员；有的只是与我们擦肩而过的陌生人……他们往往是事件的见证者、话题的参与者，成为我们连接话题的纽带。

二、选择什么样的身边人、身边事

有趣：有意思的，具有与众不同之处的。

有心：生活的有心人，对生活有追求。

有爱：对家人、对朋友、对生活始终热爱。

生活中的每个人都有他们独特的经历和故事，遵循"三有"原则有助于我们找到立体饱满的身边人。立体饱满的身边人不仅可以为选题赋予更多的情感和故事性，也能够吸引更多的目光。

小事：话题中的小事件，以小见大，成为挖掘话题的小切口。

趣事：老百姓喜闻乐见的正能量小事件。

热事：发生在身边的热议话题、事件。

通过关注身边人、身边事，选择立体饱满的身边人，抓住身边的各类小事、趣事和热事，使之成为我们寻找选题、发现选题的"牛鼻子"，最终引导我们抓住"选题"。

三、做好前期准备

制定拍摄计划和分工：制定一个详细的拍摄计划，包括时间安排、所需设备等；明确团队分工，确保每个成员都知道自己在整个过程中的责任和任务。

列好采访提纲：根据选题思路，撰写采访提纲，包括需要询问的问题和主要话题，这有助于在采访过程中更有针对性地引导对话，确保获得所需信息。

做好预采和创作提纲：在正式采访之前，与选定的人物进行预采访，与他们进行充分的沟通，让他们了解你们的报道目的和呈现方式。同时，准备一个创作提纲，列出可能记录和呈现的点，确保在采访中不会遗漏重要信息。

◆案例：第七届《中华之光——传播中华文化年度人物》颁奖典礼

在本届颁奖典礼导演组，我作为人物导演负责挖掘和呈现6位获奖人物，虽然在颁奖典礼上，最终呈现的采访只有几分钟，但这几分钟里要呈现出最能展现人物特质的内容，所以现场主持人问什么问题非常重要。在我负责的6位采访对象里，5位在国外无法线下采访，仅有1位在北京，就是中国美术馆馆长吴为山，我带着学生们几乎看过了关于他的所有报道。吴为山让中国雕塑在西方有了自己独特的声音。我们知道，西方雕塑艺术成就比较大，我们提到雕塑总是想到维纳斯，想到大卫，但是吴为山将雕塑融入了中国的传统文化精神，打造中国的写意雕塑，他的雕塑作品已经在意大利的佛罗伦萨还有世界上非常多国家重要的美术馆里与那些世界一流艺术家的作品共同展陈。

吴为山，这个人物很有厚度，显著性太强了。那么在中华之光颁奖典礼上，就几分钟的时间到底呈现哪个点？首先我带着学生们来列出基本的预采问题。我觉得这也是我们的实践教学。因为这几个学生都是我带了三年以上的，平时也经过了一些选题的训练，我觉得这个时候到更高的平台上去做这样的大节目，对她们的提升是很有帮助的。她们列出了问题之后，我开启修订模式来修改、删减、增加采访问题。

此外，我把这些问题分类好，打印完，粘在了我的采访本上。到了现场，随着我跟吴为山老师的沟通交流，很多问题是我在现场又萌发和提问的。采访结束后出来，央视的一位资深老师说“您第一个问题问出来后我就松了口气，之前我非常担心”。因为吴馆长是非常有水平的一个人，如果问题无法打动他，可能与吴馆长的交流会有限。

我问了吴为山老师一个问题："其实大家都很好奇您一直在创作，三十年创作了五百多件作品，但是您当馆长，还是全国政协委员，然后还要处理各种公务，负责国际交流，并且亲力亲为中国美术馆的展览策划，您怎么来分配您的时间，您又是如何搞创作的？"

吴为山老师非常真诚，他说："有的人说我的作品是别人做的，但是，我其实都是自己做的，我从来不要人来帮我做。我的时间是这样分配的，早晨 8 点到晚上 8 点，是我给中国美术馆的时间，晚上 8 点到晚上 12 点，是我给我的研究生的时间(他在中国艺术研究院雕塑研究所带研究生，这个是采访前不掌握的)，凌晨 1 点到 4 点是我个人创作的时间。我创作非常快，创作之前，这个作品的形象在我脑子里已经有了，我只需要快速把它捏出来。"

吴馆长的这番话让我非常震撼。我刚才讲过了采访时候灵活应变，我当时飞快地做记录，然后采访提纲里没有的地方，我边听他讲，边迅速地组合和产生新的问题。有些时候我能感觉到他的一些思想，但是我希望他把这个思想清晰地表达出来，成为我们想要的观点。我问道，您为什么创作老子的雕塑？您为什么要让中国的雕塑立于世界，您是怎么想的？他把他的观点讲出来，他对于传播中国文化是怎么考虑的，所以我们问了赋予价值的引导性的提问。

因为前期做得非常充分，所以原本一个小时的采访，他跟我们聊了 1 小时 40 分钟。对于他这样的人物而言，公务繁忙，所以是因为我们聊到他心里去了，他知道我们为此做了充分的准备，他愿意给我们讲述他的故事，愿意给我们阐述他的观点，然后我也提了一些其他涉及文化传播的问题等。我们最终呈现在屏幕上的尽管只有几分钟，但其实这是一个非常丰富的采访。

(https://tv.cctv.com/2019/12/20/VIDAOmK1ZB5w9d6jpwWxBhat191220.shtml)

第三节　多形态生产

随着数字时代的来临，融媒体内容产品成为信息传播的主流形式，各家媒体对融媒体内容产品的要求越来越高，单一形态的内容产品已经满足不了越来越挑剔的受众、用户。本节深入探讨通过一次采集、多元加工、全面传播的生产模式来完成多形态生产，做到有效提升生产效率。

一、一次采集

融媒体内容产品生产的第一步是信息的采集。信息采集是获取素材的关键环节，决定了后续加工和传播的质量和效果，包括文字、图片、视频、音频等多种形式的信息。

随着技术的发展，信息采集方式也在不断创新。除了传统的一线采集外，为了扩充信息的广度和多元化，现在还可以通过社交媒体、网络爬虫等方式获取信息，尤其是 UGC 的大量涌现，极大拓展了融媒体的内容来源，特别是在突发事件中，媒体无法直接获取素材时，用户拍摄的鲜活的第一现场极大地丰富了报道的内容。中央级媒体通过采用 UGC 的内容探索新的生产方式。特别要注意的是，在采用 UGC 的内容时，要确保内容的准确可靠，并要解决好版权问题。

在采集信息过程中，涉及人物的信息采集，采访是最有效方式，以下是笔者结合工作经历总结出来的一些采访技巧。

真诚平等沟通：在预采和正式采访中，与被采访对象进行真诚平等的沟通，解释采访的意图，让采访对象感受到你是在用心记录他的故事，以获得更好的配合。

尊重被采访对象：不论所就职的媒体影响力大小，都要以尊重的心态对待被采访对象，不要表现出“我们来报道你”的态度，而是强调报道是为了分享他们的故事和价值。采访是记者编辑的本职工作,被采访对象并没有配合的义务。

采访时灵活应变:在采访时根据被采访对象所讲述的内容灵活应变,从采访提纲里没有的地方挖掘新亮点,可适当引导被采访对象,帮助被采访对象更顺畅地表达观点,从而为采访内容赋予价值,但绝不能安排被采访对象说原本不是其要表达的观点。

营造氛围:被采访对象千差万别,有的很容易调动情绪,有的却很拘谨,通过提问营造一种融洽的气氛,从而拉近同被采访对象的距离,聊家常是快速拉近距离的一种方式。

提问要具体:泛泛地提问,往往得到的是泛泛的回答。提出的问题要具体细致,才能获得丰富、有效的信息,避免提出的问题像简单机械的公式,缺乏个性。

善用层层追问:采访中,常常会遇到被采访对象阐述自己做过事情的细节时一句带过的情形,这时要迅速捉住细节,揪着细节追问下去,引导被采访对象展开说。

学会迂回式提问:在遇到采访对象不愿直面回答的问题时,这时不能继续追问,可以采取迂回式提问的办法,从问题的侧面深入提问。

二、多元加工

当前,融媒体内容产品是多媒体的融合,通过将采集来的素材,运用文字、图片、视频、音频、H5、AI 等多种形式的元素进行多元化加工,使得内容更具丰富性和立体感,能够满足不同受众的需求。但是,在实际生产过程中,新技术的运用、投入产出的比例和最终传播平台都会对多元化生产带来巨大的影响,需要综合考量。

(一)大数据技术和人工智能的影响

融媒体内容产品的生产离不开先进的技术支持。在选择技术路线时,需要根据产品定位、受众群体和市场需求来确定。同时,新技术的应用可以显著提升融媒体的生产效率。比如,大数据技术的使用可以自动生成数据新闻;人工智能技术可以用于自动化剪辑和图像处理;虚拟现实技术可以提供沉浸式的体验。这些都可以为融媒体内容的制作提供更多可能性。

大数据处理技术是对海量数据信息进行整合、分析,从中挖掘、提取有价值信息的一种技术,在各个领域中的应用都已经较为普遍。在融媒体时代下,大数据处理技术对新闻的策划、采集、制作、分发、反馈和管理等各方面进行了革新,缓解了互联网时代下信息庞杂冗余的问题,简化了传统媒体在新闻制作上的重复工作,从而提高了新闻生产在全流程上的产出效率。例如,在内容策划上,我们可以借助大数据监控,快速找出目前网络上的热点话题;在采集和制作环节,大数据处理技术帮助传统媒体构建了媒体资源管理系统,那么我们在进行内容采集的时候,可用到的生产资源就不再局限于当下现拍的内容,我们也可以调出资料库中的历史数据进行对比,从而促进融合媒体产品的生产创新;在反馈环节,大数据处理技术也可以很好地帮助进行舆情的监测和分析,从而使我们了解一条产品的受众喜爱程度。

如果说 5G 技术是信息传输方面的革新,大数据是信息处理方面的革新,那么人工智能则是信息思维方面的革新。人工智能的深入应用完成了对融媒体内容生产全环节、全流程、全系统再造。2019 年 10 月 1 日,我国举行了盛大的庆祝中华人民共和国成立 70 周年阅兵式和群众游行,央视新闻首次将人工智能技术运用到新闻类短视频剪辑当中。在人工样片指导下,AI 通过机器学习过去的阅兵画面、清流信号内容规律、时间点等内容,形成“AI 剪辑模式”,单个 AI 剪辑视频在阅兵方阵完成表演后 5 分钟内迅速生成,最终 2 个小时内 AI 共完成 82 个视频的剪辑与输出。此外,广泛运用 AI 主播,依托人工智能技术,从主播面部表情的采集捕捉,到语音的识别运用,再到整个虚拟场景和虚拟数字人的渲染,最终实现播报和展示。

(二)投入产出比的重要性

随着大数据技术和人工智能技术的普及,许多融媒体机构尝试通过新技术来创作融媒体内容产品,这意味着需要投入更多的人力、物力、财力等资源。同时,对从业者来说,新技术的运用需要与时俱进,应花费更多的时间和精力来学习新技能。综合以上投入因素,新技术的运用并不适合所有的融媒体机构。一方面,投入大量资金生产的内容,只重视社会效益,忽视了经济效益,长此以往不利于融媒体机构的自身发展;另一方面,新技术、新设备需要高精尖的人才,地市级融媒体和企事业单位的融媒体中心没有足够的智力支持,也无法完成生产。因此,在投入生产创作前,需要根据预期的产出效益来合理配置投入资源,以确保融媒体内容产品能够顺利产出并且达到预期传播效果。

◆案例:融合报道《昆明向南　磨憨向上|手绘长图带你走中老铁路　见证一场"双向奔赴"》

这是《都市时报》运用手绘长图与动画相融合推出的融合报道,获得了2023年第33届中国新闻奖融合报道类三等奖。该报道虽未使用复杂的技术,但是立意高远,立足国家战略的角度,还原地貌特色、人文景观,融合了国际视野、自然风光、少数民族文化等多种元素特性,设计画面出众,阅读体验好,通过小清新的风格吸引了大量年轻用户,取得了很好的报道和传播效果。

(https://mp.weixin.qq.com/s/rLd9BBnj3_SwkB0YNKTIcg)

(三)根据传播平台定制化

当前,"一部作品通吃各平台"的方式行不通了,不同的受众挑选不同的传播平台,有着不同的接收习惯,因此,需要通过包括社交媒体、网站、App、电视等在内的多种传播渠道,以确保内容能够覆盖到更广泛的受众群体。针对不同传播平台,需要对素材进行个性化的定制加工。比如,社交媒体更适合短小精悍的内容,而在专业领域需要深加工、更有深度的探讨和解读,手机端更适合竖屏的内容,大屏端更适合清晰度高、篇幅长的内容。

在确定融媒体内容产品体裁和体量时,首先需要进行调研,了解目标用户的需求和偏好。不同的用户群体可能对内容的类型和形式有不同的偏好,因此需要根据调研结果来确定最适合的体裁和体量。此外,还要结合传播平台的特性和规定,调整传播内容的体裁和体量,形成内容与传播平台、用户的双向对应。

三、全面传播

传播是生产流程的最后环节,传播效果是检验生产质量的重要依据,也为二次生产提供重要的参考。全面传播是为了让融媒体内容产品接触到尽可能多的受众,要重视受众的互动和参与。引导受众参与讨论、留言互动等方式,可以增强受众的参与感,提升内容的传播效果。对这些数据进行收集和分析,可以及时发现问题并对在产内容进行优化,提升内容的影响力。

融媒体内容生产的一次采集、多元加工、全面传播模式的优势在于高效生产、全面覆盖、互动性强,也能体现融媒体产品内容多元化、形式多样化、传播多渠道的特点。

第四节　宣传方案设计与执行

一、方案设计

宣传方案设计的整体思路为:明确宣传目标,紧扣活动主题;把握传播曲线,制订整体方案;坚持互动传播,强调沟通反馈。

在设计宣传方案时,首先,要明确活动的宣传目标,这个目标应当具体、量化、可衡量。明确宣传目标是为了有针对性地选择宣传手段和传播途径,有助于后续策划和执行的顺利进行;同时,紧扣活动主题也是整体思路中的关键一环,活动主题应当直接关联到宣传目标,并且能够准确地传递活动的核心信息,吸引用户的注意力,引起用户的兴趣和共鸣。其次,针对活动进程的不同阶段,制定相应的传播策略。在活动开始阶段,可以通过预热活动引起关注;在活动进行中,可以通过持续更新与互动保持热度;在活动结束后,应当有一定的总结和回顾。宣传方案的设计需要有整体性,要考虑传统媒体和新兴媒体的特性,充分发挥两者的优势,实现整体传播效果的最大化。再次,发挥融媒体互动传播的优势,遵循传播规律。在传播过程中,需要筛选出最具价值和吸引力的信息,避免信息过载,以确保信息能够准确、高效地传达给目标用户;应当加强与用户的互动,及时回应他们关注的问题,提升用户的参与度,利用新媒体的数据分析功能,对宣传效果进行实时监测和评估。根据数据反馈,及时调整宣传策略,以达到最佳的传播效果。

二、方案执行

选题坚持“三贴近”:选题是宣传方案实施的核心,也是最直接影响用户接受程度的因素。我们要坚持“三贴近”原则,即贴近用户需求、贴近活动主题、贴近社会热点。只有选取与用户真实需求相契合的选题,才能引起他们的共鸣和兴趣。

传播曲线把握好:传播曲线是传播效果的具体体现。有的内容发布即爆款,传播曲线立刻达到最高值,随后呈下降状态;有的内容前期波澜不惊,当遇到特殊的节点或持续发酵,短时间内传播到达最高值;有的内容传播周期长,高潮低潮持续出现。这需要我们把握传播规律,在传播高峰时,保持冷静,通过增加话题、推出新内容的方式维持传播热度;在传播低谷时,反思内容是否触及了用户的心灵,是否引起了共鸣,及时做出调整和变化。

文风文体号准脉:内容与形式的统一。不同内容针对不同用户,需要适配相应的文风文体,年轻人喜欢简单短小的篇幅,中年人需要有深度有广度的大篇幅,老年人喜欢家长里短的杂糅型内容。选择合适的文体,让受众更容易理解和接受我们传达的信息。

做好互动很关键:互动不局限于与用户的互动,还需要策划同类融媒体间的互动,话题关联融媒体的互动,形成一个话题多家讨论的局面,这样可以把不同融媒体的用户吸引到同一个话题上。

充分重视微视频:时任中国传媒大学党委书记、校长廖祥忠在中国传媒大学2022级新生开学典礼上说,无处不在的长短视频,正成为人们获取信息、认知世界、生活娱乐的核心媒介,视频化生存正成为不争的事实。微视频呈现体量小、信息足、传播快的特点,非常适合在社交媒体中广泛传播。同时,一个话题能够生成多条含有"金句"的微视频,达到持续传播的效果,能够使话题始终保持热度。

多种形式巧搭配:图片、文字、视频、音频,根据需要和拥有的资源,各种形式搭配组合使用,其中,仅仅视频类型还可以分为多种视频形态:视频直播、微视频、碎片化短视频、直播切条,不同形态视频对应不同传播平台,实现对传播平台的全覆盖。

落实人员要到位:宣传方案的执行需要一个高效的团队,每个环节每项工作都需要落实到具体负责人,执行导演、后期剪辑等重要岗位需要有AB角来保障。

紧跟进程及时变:在设计宣传方案时,需要有PlanA、PlanB甚至PlanC,多种方案是为了应对传播过程中出现的各种情况,避免准备不足导致传播失控或热度下降。此外,已有的方案根据实际情况进行调整,保证达到预期的效果,这也是及时变的体现。

◆案例:微信公众号作品《我为申冬奥宣传片发声》

这个推送是我带着学生团队实践创作的作品,在"中传新闻"校内微信公众号发布,是非常好地利用传播热度曲线的例子。

一是抓住了热点话题。

2015年7月31日,中国北京取得了2022年冬奥会的举办权,当时各大媒体都在刷屏报道。当时正值暑假,白天的时候,值班同学说想做个选题,我问和中传有什么关系,和我们目标用户有关系才值得做。当天晚上,我在朋友圈看到一位校友转发了有关申冬奥宣传片的推送《祝贺郑晨光师哥,很棒!》。看到这个,我非常兴奋,立刻找到了申冬奥成功与中传的联系。

8月1日上午,我与英语播音主持专业的郑晨光取得联系,并安排学生记者给他做专访。在做采访前,我给同学做了提醒:一是在做校友报道的时候,要避免陷入一种自我崇拜和盲目自大当中,不要在稿件中出现"我中传师哥好牛""我中传师姐好棒""大中传好厉害"的表述,从事媒体行业由于职业的原因,更容易有知名度和做一些更容易受瞩目的事情,但是其实在社会上其他的领域,不管是医疗,还是科技等各领域,有很多人兢兢业业,成就比我们做传媒的大得多;二是要围绕师哥工作展开提问,问问师哥在繁忙的工作之余怎样参与这个有意义的工作,有什么背后的故事?再就是问他的英文那么棒,一点都不像一个年轻的中国人的发音,非常像一个母语是英语的中年外国人,他在学英语方面给同学们什么建议。

这条推送在8月1日中午就有了初稿,其间我们得知这个宣传片的后期制作还有我们两位校友参与,如果采访这两位校友需要得到台里的同意才行。负责这个采访的同学提出,我们等一下把那两个师哥一起加进来做同一篇报道吗?

我果断决定不要等,但是,我在稿件里边留了一个活口,第二段内容里加上了一部分:"很多人为本次申办冬季奥运会默默奉献,其中,有我们中传的校友们,比如本次介绍的这位播音系男神师哥。"为什么不要等另外两位?因为不想错过最热的传播曲线,31号申冬奥成功,这篇稿子8月1号做完采访就可以发出去,这个时候是热度最火的时候,所以不等,后续如果能够联系上另外两位校友,单独再做另外一篇也不冲突。

二是抓住了流行"梗"。

在首屏的"不好意思,没图"这个梗是那段时间在学生各个账号里边特别流行的,我对学生创作非常地开放和包容,我认为同学们只要没有事实性的错误,没有原则立场上的问题,都可以大胆尝试。尽管我并不能理解“不好意思,没图”这个梗,但还是让大家加进去了,这是代沟,但可以尊重。

我很惊喜的是负责的同学在央视新闻找到了这个申冬奥宣传片的报道,海霞先说了个节目头,然后放了一段冬奥会的宣传片,所以编辑同学加了一句话叫作“建议大家先闻其声,再见其人”。在推文中,玩了一个先抑后扬的小花活,持续吸引受众往下阅读。

这篇稿件的另一亮点是后面加了一段小编的话,就是用红框框起来的。编辑同学写了一段话,我觉得这代表了校园媒体的记者的立场:“其实,小到一门学科的领悟,大到一个人的成功,都离不开努力与坚持;而国家的成功,是亿万人的努力与坚持汇聚而成的。从2001年到2008年,中国用七年时间给了世界一个奇迹;而从2015年到2022年,中国又将交给世界一张怎样的答卷呢?90后们,不妨与祖国定一个七年之约,看看七年之后,我们为国家能够创造怎样新的奇迹。”同时,这也是一个对未来的展望。负责采写这篇稿子的葛天琳同学,毕业后进入了国家官方英文媒体中国日报工作,在2022年北京冬奥会期间,她参与了冬奥会的相关报道工作,在工作五年的时间里,她两次获得中国新闻奖,其中一等奖一次。这位90后也为自己交了一份答卷。

三是抓住了阅读高峰时间。

“中传新闻”这个微信公众号的主要用户是中传在校生、毕业生和打算考中传的中学生,他们阅读高峰时间是晚上9点前后。这篇推送是在8月1日晚上发出去的,当天晚上达到了2000阅读量,我从第二天早晨起来7点开始,每小时看一次数据,这篇稿件的阅读量以每小时1000的量迅速涨到了1万。当时发这篇稿件的时候,我们整个微信公众号的用户量大概是在15,000到18,000之间,这样的到达率是非常高的。这篇文章是当时中传校园媒体唯一一篇关于此事的原创报道,瞬间就刷屏了,没有哪个校园媒体做了类似报道,我们是唯一的一篇。

(https://mp.weixin.qq.com/s/cVhTnBCqE9iXE75D1oD6pw)

◆案例:4K 转播车待命毕业典礼直播的两篇报道

《明后两天毕业典礼带你玩转 4K》

《献礼毕业 | 4K 转播车待命中传》

这两篇报道的主题都是中国第一台全4K高清转播车用于转播中传毕业典礼,都是发布在中传校内微信公众号上,两个微信公众号的粉丝量差别巨大,但阅读量却成反比。

第一篇稿子是一篇科普性的深度报道,创作团队旨在让不懂4K的人看完这一篇报道就有一个基础的概念,并且专门采访了索尼工程师于璐老师,通俗易懂地解释了什么是4K,但这篇稿件最终只有1300多的阅读量;第二篇稿子重点宣传了4K高清转播车要准备直播中传的毕业典礼这个信息,最终阅读量超过了21,000多。

因为两篇稿件的发送时间不同,第一篇稿子尽管只比第二篇晚发了一天,但大家疯狂地像滚雪球一样转第一篇,在保证快和准的情况下,谁先发就是先发制胜了。所以一篇回答所有人问题的精心准备的稿件,因为传播晚了,传播效果输给了另一篇稿子。

(https://mp.weixin.qq.com/s/FYfAlbaiZ-N9IuWU8yKYmw)

(https://mp.weixin.qq.com/s/RiagK0BAGbVvrugqgcn2iA)

第七章　融媒体的传播特征

融媒体时代，媒体借助智能终端和移动互联技术，及时、高效地为用户提供各类信息，有效弥补传统媒体信息传播方面的时效性不强、个性化不足等问题，满足用户多样化的信息阅读需求。正如南卫东所指出的，融媒体不仅是新旧媒体之间的融合发展、传播运行，更是新旧媒体之间的融合状态和科学传播规律。新旧媒体通过优势互补、深度融合，充分借鉴最新媒体技术、平台和载体等优势，为信息传播活动提供新的有效支持。在融媒体时代，新旧媒体想要提高信息传播效率，适应信息传播规律，就需要把握新的信息传播特点，并采取针对性措施。[①] 融媒体融合了新旧媒体的优势，与单一的传统媒体相比，具有突出的特点：及时性与亲临性、丰富性与海量化、交互性与体验性、差异性与个性化[②]，这些特点共同构成了融媒体时代信息传播的独特面貌。

在融媒体环境下，传统媒体能够通过各类新媒体平台迅速传播信息，提高信息传播速度，然而，这也对信息传播活动提出了新的要求。各类媒体不仅要及时发声，更要准确发声，确保信息传播内容的真实性。在此基础上，融媒体传播在动态发展的过程中并不是一成不变的，它随着传播环境和传播条件的变化而不断演进。在本章中，我们将通过对比融媒体与传统的传播模式或传播模型

---

① 南卫东.融媒体时代信息传播的特点与应对研究[J].新闻传播，2020(6)：38-39.

② 陈可纯.融媒体时代信息传播的特点、问题与应对策略[J].学术评论，2017(5)：80-84.

的不同，重点阐述融媒体传播具有交互体验性、多元海量化和全感官传播的特点，这些特点不仅让信息传播更富有活力，也更加贴近受众的需求和期待。

第一节 信息传播呈现交互体验性

一、信息传播的交互体验

在融媒体时代，受众，更准确地说已经成为用户，他们能够及时、高效地接收和阅读各类信息，解决了传统媒体信息传播的时效性和个性化不足问题。用户能够根据自己的需求获取大量充满体验感的信息，消息的即时采集、即时分发已经成为常态，特别是互联网的介入，使得信息获取从原先局限于设备、场地的状态转变为“足不出户便知天下事”的全新模式。随着移动终端和5G网络的普及，信息输出端越发便捷、高效，每一台设备都可以成为一个信息出入端口。谷歌眼镜、智能手表等移动端设备不断涌现，科幻电影里植入人脑的信息芯片也即将成为现实，在不断赛博化的信息社会中，信息无处不在，“万物皆媒”不再是一句口号，信息成为一种资源，用元传播的视角来看待世界，我们可以发现任何事物都在进行着“传播”，这种体验感是新奇的且需要不断适应的。

在融媒体时代，信息传播更具交互性，用户的感知、意见和想法能够迅速反馈给传播者或平台，他们能够直接参与信息，成为信息的一部分。融媒体用户能够主动选择并互动，在大数据的支持下，精准的信息传递变得常态化。以艺术传播为例，融媒体艺术通过视频、交互等形式呈现，融合了设计、绘画、遥感交互、AI等技术，跨足传统媒介领域。科技的赋能使我们能够突破时空局限，实现实时沟通和交流，传播主体之间的关系得到重构。融媒体的信息传播交互性不再局限于面对面交流，而是朝着非线性发展。在张成良和甘险峰看来，这就是一种“第三媒介时代”的媒介形态①，适应了当今复杂的世界。

---

① 张成良，甘险峰.融媒体语境下“第三媒介时代”媒介形态研究[J].编辑之友，2018(1)：50-54，60.

二、交互体验性的案例

在融媒体时代,科技使人们能够以身临其境的方式参与远程或虚拟事件,这种融媒体方式在各类媒介事件中多次出现,通过虚拟现实(VR)、增强现实(AR)、混合现实(MR)等技术实现了身临其境的传播体验。

在体育赛事领域,观赛体验至关重要。现代足球比赛通过高清摄像头、移动摄像头、无人机等设备,以多角度呈现每位球员的每个动作,极大地提升了比赛的观赏性和激烈程度。然而,这种方式尚未能够给观众带来真正的亲身参与感。电子竞技是一种"屏幕上"的比赛形式,在这种情况下,比赛场馆和转播显得尤为关键。

英雄联盟全球总决赛作为电子竞技的重要赛事,在开幕式上展示了最先进的技术和呈现手段。例如,在S7全球总决赛的开幕式上,通过增强现实技术创造了"远古龙"。在这场表演中,一只虚拟的"巨龙"从鸟巢体育场上空降下,最终在舞台中央降落,并在飞行过程中在观众席上投射出阴影。这种效果在直播画面中显得更加逼真,观众在现场的反应也成为传播的一部分,与传播效果密

图7-1　英雄联盟S7全球总决赛上采用AR技术制作的"远古龙"

不可分。这个例子充分展示了融媒体在体育赛事中的应用,实现了交互体验式的传播。

融媒体时代的技术突破使体育赛事的观赏性和沉浸式体验得到提升,同时也为观众提供了更具参与感的传播体验。这种技术的应用不仅拓展了传播的可能性,还为体育产业带来了新的商业机会和创新发展方向。

第二节 信息传播呈现多元海量化

随着媒体融合向深度发展,信息传播的主体、渠道和类型变得越发多元化。

在大数据技术应用日益成熟的背景下,信息传播成本变得更低,信息传播内容呈现海量化特征。在虚拟传播空间中,信息传播内容不再受版面和传播周期的限制,传媒可以汇聚各种信息,为读者提供丰富、多维的信息内容。

在融媒体环境下,新媒体技术的广泛应用"挤压"了传统媒体的生存空间。传统媒体的传播方式不仅无法适应大众新的信息阅读习惯,也很难及时有效传播各类媒体信息,影响了读者的阅读体验。但新媒体信息传播自身也存在一定问题,无论是新媒体传播信息内容的深度,还是信息的真实性,都无法得到有效保障。因此,融媒体时代,应该探索适合新旧媒体优势互补的融合路径,从根本上提升信息传播效率。

一、信息传播主体的增加

在融媒体时代,信息传播的主体增加,呈现出一种从专业化到多元化的趋势。以往的信息传播牢牢掌握在权力结构顶层手中,信息传播也是一种统治的工具,而如今随着互联网的兴起,"旧时王谢堂前燕,飞入寻常百姓家",催生出了一个"人人都能生产信息"的互联网群体传播时代。① 普通人也拥有了生产信息和传播信息的能力。这催生了一个"人人皆传媒"的时代,信息不再局限于

① 隋岩.群体传播时代:信息生产方式的变革与影响[J].中国社会科学,2018(11):114-134,204-205.

权力层面,而是被普通人广泛创造和传播。

在融媒体时代,有学者将传播的主体划分为 PGC(Professionally-Generated Content,专业生产内容)、UGC(User-Generated Content,用户生产内容)和 OGC(Occupationally-Generated Content,职业生产内容)三类,这在一定程度上体现了当下融媒体信息生产主体“三足鼎立”的局面,传统媒体、自媒体、兴趣小组、职业写手、个人等要素共同成为互联网信息生产和传播活动的主要贡献者,但这些主体之间也存在差异。

我们在这里需要关注几组主体关系,这些关系是融媒体健康发展的重要因素:传统媒体和新兴媒体、主流媒体和商业平台、大众媒体和专业媒体。传统媒体和新兴媒体并不是对立的关系,它们各自具备优势,应该相互借鉴,共同推动进步。例如传统媒体在专业性、信息发布的有效性、信源的可靠程度、积累的政府社会资源和长期积淀的品牌等方面均是新兴媒体很难超越的①,新媒体如自媒体等在信息的丰富性和交互感上更强,这是可以相互交流和借鉴的。主流媒体和商业平台也需要协同发展,主流媒体要主动承担舆论引导的职责,传播权威信息,构建社会风尚,商业平台偏重满足人民的娱乐需求,其能够对主流媒体的信息报道起到很好补充作用,实现互补互促。而大众媒体和专业媒体之间更多的是“点”和“面”的关系,大众媒体面向大众,实现消息的广泛覆盖,而专业媒体在专业领域成为权威信息来源,具有权威性,这两者应该紧密合作,共同丰富信息报道。

在媒体融合不断加速的背景下,信息传播渠道和传播类型也变得多样化。除了报纸、电视台等传统媒体外,“两微一端”、自媒体平台、直播平台等,都成为信息传播重要载体。传播类型也从传统的图片和文字扩展到视频、小程序、互动游戏等多种形式。

总之,在融媒体时代,信息传播呈现多元化、多层次的趋势。传媒行业需要适应这种新的情况,不断创新,协调不同主体之间的关系,为受众提供更加丰富

---

① 陈璐,范以锦.全媒体环境下构建全新传播体系的对策思考[J].传媒观察,2019(6):5-11.

多样的信息内容。

二、信息传播数量的跃升

1981 年,M. 博亚兹和 D. 埃默里特斯曾断言:“信息是取之不尽的资源,并且对社会的功能和决策过程产生着巨大的影响……信息爆炸使全世界都感到震惊。”①在当下的互联网环境中,信息的数量呈几何倍数增长的态势,这被形容为“信息爆炸”。

在融媒体时代,信息传播数量的激增已经是无法忽视、不可否认的现实。随着大数据等技术的成熟应用,信息传播成本更低,信息量继续急剧膨胀。有这样一种说法:我们现在能够接触到的信息,远远超过牛顿那个时代能够看到的书籍的总和,是那时的好几倍。但并不是所有人都能够在这些信息中找到价值,成为“站在巨人肩膀”上的那个人,这也充分说明了整合、筛选、加工、再创作信息的能力的重要性。

在海量信息中,很多是重复发布、无关紧要的,甚至是低俗、虚假、炒作的信息。此外,许多信息生产者为了迎合当下的快节奏生活,肆意生产一些碎片化、快餐式的信息,这样发展下去可能会导致整个社会审美标准降低,经典内容被解构,过度娱乐化的解读也可能会消解政治话题和历史问题的严肃性,挤占优质内容的生存空间,造成“劣币驱逐良币”的局面。

我们还要关注“知沟”的问题。根据在云南省一个边境县城的调研,笔者发现农村留守儿童的信息整合和筛选能力明显不如生活在教育资源丰沛地区的同年龄人。低俗、无聊甚至色情、暴力的信息可能不经意地影响这些留守儿童的心智。长此以往,两者之间的知识鸿沟差距会不断扩大,最终极易造成社会割裂。同时,这也是一个严肃的问题,在信息审查机制的重新构建和政府监管的加强方面都需要引起重视。

---

① 博亚兹,埃默里特斯.第三次革命:信息爆炸和 2000 年时的信息存取[J].梅龄,译.现代外国哲学社会科学文摘,1983(6):40-41.

三、案例：新闻报道中的多元主体、海量信息

2023 年，网络舆论高度关注了一个名为“鼠头鸭脖”的事件，这个事件的发展呈现出多次反转，不同信息传播主体在融媒体传播中展示了事件的复杂性，同时也对“新闻权威”提出了新的挑战。

此处引用新京报报道：“鼠头鸭脖”事件时间线回顾。

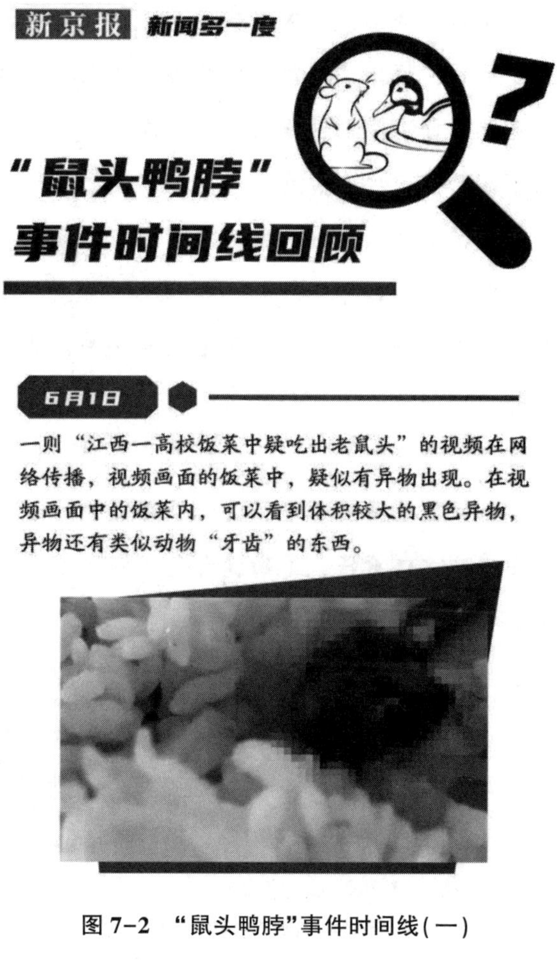

图 7-2　“鼠头鸭脖”事件时间线（一）

情 况 通 报

2023 年 6 月 1 日下午，一则“江西一高校饭菜中疑吃出老鼠头”的视频在网络媒体传播，视频内容涉及我校食堂食品安全。对此，学校党委高度重视、迅速部署，要求立即组织封存相关档口食物并同步开展调查处置。

经调查，视频拍摄地点确实在我校食堂，但反映内容与事实不符。当事学生本人在事发当时即邀请同学共同对“异物”进行了比对，确认“异物”为鸭脖，为正常食物。该学生已现场作出书面说明对视频内容进行澄清。

南昌市高新区市场监督管理局接到情况报告后，第一时间派出执法人员到我校开展调查，问询学校工作人员、食堂负责人、当事学生及相关知情人，对食品留样进行采样检测。

食品安全无小事，校园食品安全尤其关系到学生健康、家庭未来和社会稳定。学校是学生、老师、在校职工共同的家园，我们都应为守护好家园尽自己的一份力。我们将进一步加强对学校食堂的科学管理，进一步督促食堂经营管理方落实好食品安全主体责任，不断提升食品安全水平，让广大师生吃得安心、吃得放心。

江西工业职业技术学院后勤管理处

2023 年 6 月 3 日

图 7-3 “鼠头鸭脖”事件时间线(二)

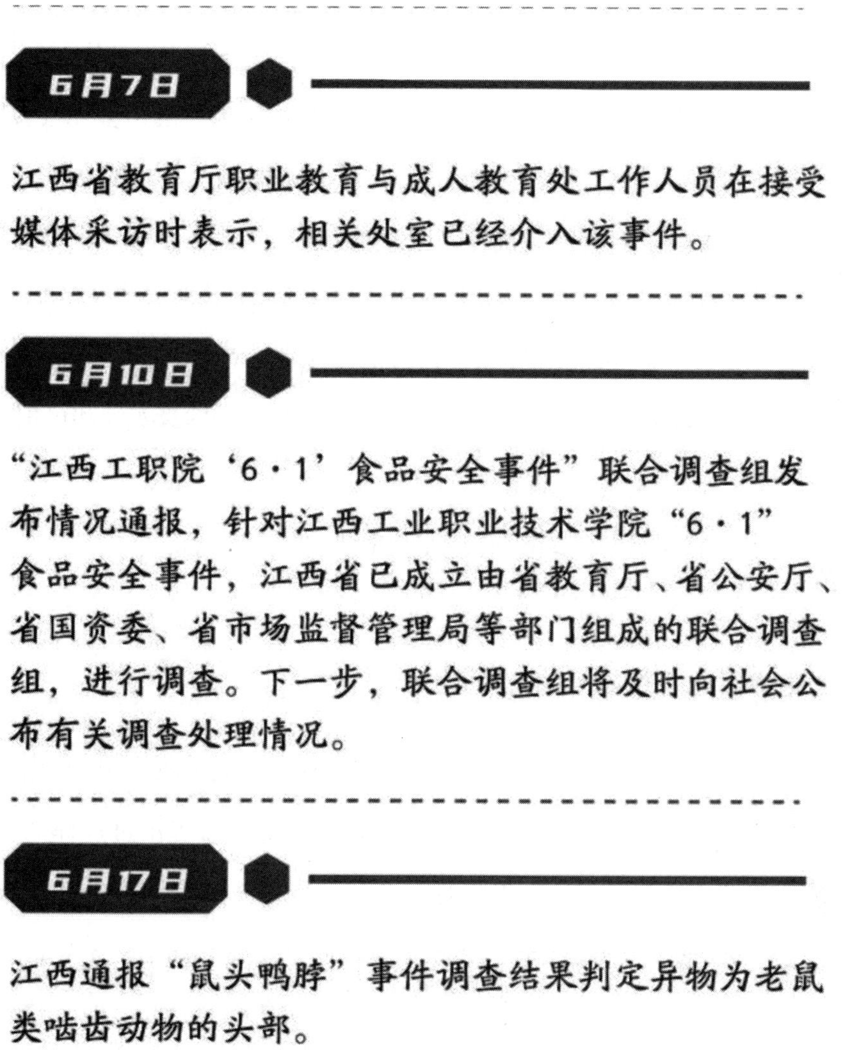

图 7-4　“鼠头鸭脖”事件时间线(三)

这个事件多次登上互联网热搜,引起了广泛的关注。一开始自媒体发布了消息,各大融媒体跟进传播报道,此时融媒体扮演了发布者的角色。随后,学校官方融媒体发布情况通报,此时校方融媒体是辟谣者的角色。然而,一些网络媒体对学校的通报提出了质疑,江西省成立事件联合调查组介入此事。最终,联合调查组通过相关融媒体发布调查结果,校方官方融媒体被“打脸”,事件出现了反转的情况，各大融媒体跟进报道调查结果并发表评论，引发了舆论高潮。

在这个事件中，我们可以看到融媒体时代信息传播的特点，单一事件的衍生报道数量巨大，并引发了大量关注，也能看到报道主体呈现出多元性，从传统媒体到新兴媒体，再到当事人，每个环节的参与者都能成为报道的主体。

其实我们更应该看到的是在融媒体传播中权力天平的变化，传统媒体并不总是舆论的主导者，反而是自媒体成为事件的主角，这就要求当下我们应用更审慎的目光去看待融媒体传播，思考其可能产生的后果和风险，只有通过协同合作，我们才能实现引导世界向善的目标，确保信息传播的真实性和可信度。

第三节　信息传播呈现全觉传播

一、全觉传播成为现实

中国人民大学的杨保军教授提出过全觉时代、全觉传收、全觉文化这样三个“全觉”①；中国著名科幻小说作家、《三体》作者刘慈欣提出过这样的一个观点：“新型的人机接口技术的突破将对未来媒介的形态有重大影响，未来媒介可能是全时段的，成为人类感官的一部分。”②这两个观点共同强调了传播技术的发展对信息传收方式的全觉整合（视觉、听觉、触觉等的整合和贯通），这正是融媒体时代传播的一个非常显著的特征。可以说，融媒体时代的传播是满足人的所有感觉的传播，是一种利用媒介手段营造全新传播环境形成沉浸式体验的传播。此外，刘慈欣的观点进一步强调了新型人机接口技术对传播的影响。这种技术突破可能使媒介成为人类感官的一部分，意味着人们可以在任何时间、任何地点融入传播过程，实现全时段的信息获取和传递。这种互动性和全时段性

① 杨保军．“新闻主体论”论纲［J］．国际新闻界，2016（1）：88-101．

② 一个“科学幻想”的实现不是 100 年［EB/OL］．（2018-01-25）［2023-11-10］．https://www.cdstm.cn/theme/khsj/khzx/khcb/20180125_736479.html．

使传播更加个性化和自由化，也促进了融媒体时代传播的沉浸式体验。

在当前，传统媒体和新兴媒体各自具有优势和问题，因此融媒体需要将它们的优势整合起来，以提高信息传播的效率和体验。融媒体的信息传播具有全觉性，即多感官整合的特点，这体现出一体化和互补性发展的趋势。融媒体可以选取报纸、广播、电视、微信公众号等不同信息载体，并结合纸媒、家用电视、智能手机、平板电脑等不同信息输出终端，择优进行信息生产和输出，从而达到技术和内容的一体化整合。

同时，融媒体还可以利用新兴媒介形态与传统媒体形成互补，充分利用传统媒体的专业性和权威性，结合新媒体的快捷性和丰富性特质，构建全新的信息传播团队，根据不同的情况选择合适的传播形式，并能够尊重用户的体验。例如，有的血腥画面不适合使用图像、视频来表达，那我们就可以利用文字来转述；有的报道只有图片，我们可以通过声音等听觉要素进行补充，提升吸引力。

另外，我们还需要关注到传播移动化的情况。丹麦学者克劳斯·布鲁恩·延森在其著作《媒介融合：网络传播、大众传播和人际传播的三重维度》中对手机传播中的“移动”进行了分析，谈到我们要从空间、时间和语境中理解移动性：空间的移动性指客体、人类和符号的位置变化；时间的移动性指不同历史时期，人们与环境中不同要素之间灵活的交流方式；最终数字媒介使得语境具有了及时性和直接性，使得人们能够参与到自我和社会的维持中去，并维护社会的制度化。[①] 这种移动也是全觉传播的一种重要体现，不仅涉及物理空间的变化，还涉及时间和语境的转移。随着传播的移动，人们能够在不同时间和地点获得多样的信息和体验。同时，移动也为技术对生活的影响提供了更多可能性，推动了传播方式的创新和发展。

二、案例：钱塘听潮

“庐山烟雨浙江潮”是一句描述钱塘江潮水美景的诗句。中央电视台自

---

① 延森.媒介融合：网络传播、大众传播和人际传播的三重维度[M].刘君，译.上海：复旦大学出版社，2014.

2008 年起连续 16 年对钱塘江大潮进行报道，展现钱塘江大潮的壮观景象和丰富的潮水文化内涵。随着中央广播电视总台的成立，融媒体传播在钱塘江潮水报道中得到了更加深入的体现。

现在的钱塘江潮水报道运用了更多的科技手段，包括直升机、无人机、5G 视频连线等，在 2022 年首次使用了夜视仪，展示了夜潮的模样，实现了全方位、多角度、多时段对潮水的呈现，丰富了观众的视觉和听觉体验。

《钱塘听潮》是一档典型的融媒体节目。2021 年中秋之夜，中国之声在浙江海宁推出了特别直播《钱塘听潮》，诵千古名篇，抚悠悠丝弦，听潮起潮落，加上多点拾音、多路传输、现场混音等多种新技术手段的运用，带给观众身临其境听潮赏月的独特听觉艺术体验，这是首次通过传媒技术手段将“潮声”这一略显抽象的感知呈现给受众。本次录制，共使用了 1 辆音频车、20 多箱专业设备、50 多个通路，最远的拾音距离超过 260 米，展现了声音这一听觉感官的美感和力量，对以往仅有画面体现潮水的局限进行了有益的补充，在文化意蕴的提升和传播效果的提高上取得了双丰收。

《钱塘听潮》节目的成功展示了融媒体全觉传播的特点。通过音频技术、现场直播等手段，使听觉感官成为信息传播的重要部分，创新性地丰富了观众的体验。这样的创新不仅提升了文化内涵的传达效果，还为未来相关报道提供了宝贵的经验和模板。

对融媒体的传播特征进行把握，有利于我们对融媒体信息生产进行更全面的了解。这些特征体现了信息传播朝着双向、多元、全觉的方向发展，是一种简单到复杂、单一到丰富的变化，体现了人类对未知的渴望和对信息的渴求，这种态势会不断延展并深化。人们的兴趣和需求变得越来越多元化，而融媒体正逐步满足这一多样性。同时，信息传播的双向性也成为显著特点，人们不再是单向接收信息，而是可以参与到信息的创造和分享中。这种双向性打破了传统媒体的局限性，将受众从被动的信息接收者转变为积极的信息参与者。

第八章　融媒体的传播类型

在传统媒介时代，传播的模式主要是单向的，信息从传播者流向受众，尽管存在一定的互动性，但实际的互动很有限。然而，进入互联网时代后，媒介的去中心化、对等的互动性、信息的多元化和传播的即时性等特点导致传播主体间的互动方式发生了巨大的变革，形成了多样态的传播模式。在融媒体环境下的信息传播受到传统媒体和网络媒体的影响，因此，融媒体的传播需要注意以下几个方面。

第一，以优质信息内容为基础，保持传统媒体应用优势。

权威性、公信力和影响力是传统媒体有效应对新媒体冲击的重要“基础”，也是传统媒体适应媒体融合环境的重要前提。因此，在全新信息传播环境下，传统媒体信息在信息采编过程中要充分发挥新媒体技术优势，积极诠释融媒体思维，通过继续保持传统媒体在内容生产、加工方面的积极优势，坚持从大众审美需求出发，深入了解大众信息接收习惯和阅读规律，提升传播内容的趣味性和鲜活度，为大众提供有深度、系统化的见解，改善受众对信息传播内容的理解认知。传统媒体要积极借鉴新媒体平台的传播优势，向大众推送个性化、及时性信息内容，充分发挥传统媒体的传播优势，提升信息传播内容的引导力和价值。

第二，以受众信息需求为导向，突出传播信息的服务导向。

在智能媒介广泛应用的环境下，大众成为信息传播的主要力量。因此，在信息传播过程中，要结合受众兴趣、阅读需要来选择信息，加工传播内容，要将“受众为本”理念融入信息传播的全过程，通过为受众提供随时参与、高度分享的信息内容，与受众共同参与信息挖掘、素材加工和信息报道等工作。此外，要注重考虑受众的生活需求，丰富信息传播的类型和风格，突出服务受众的信息传播导向，确保信息内容的专业性，提高信息传播的实用价值。

第三，坚持优质故事为驱动，提升信息传播内容的实际影响。

在融媒体环境下，优质故事是提升媒体平台影响力的关键内核，也是区别于其他媒体平台的重要因素。因此，为确保信息传播的有效性和可信度，既要注重素材选择的鲜活性，也要形成专业、系统化的信息评论和独特观点。媒体从业者要充分发挥各类媒体工具的实际优势，及时追踪各类新闻热点，提高信息传播内容的实际影响。通过向受众推送不同形式、不同渠道的信息内容，使信息传播内容更加全面、鲜活。

第四，坚持优质的接受体验，提升信息传播内容的影响力。

融媒体环境下，信息传播不再是单一传播方式，用户在接收信息的同时，也将对传播内容的理解、感受“反向”输入传播媒介，通过优化用户交流互动机制，使信息传播活动呈现新的交流特点。在融媒体环境下，受众不再局限于单一的“接收者”形象，通过个人了解、参与信息传播活动，丰富信息传播内涵。在信息传播过程中，各类媒体要充分适应新的传播环境，注重提高信息质量，为受众提供更多阅读选项，严格把控信息传播品质，通过对受众的个性化阅读兴趣和互动展示需求进行收集，根据受众阅读兴趣和习惯来制定传播机制，提高媒体信息的影响力。

基于这些影响因素，这一章中，我们结合融媒体集合了多种媒介属性的特点，对融媒体的传播类型进行探索。

第一节　交互传播

广义上的交互传播是指传播者与受者之间信息相互交流、相互作用的活动过程。传播主体双方的相互作用贯穿于整个传播活动过程,在各个环节中都产生不同的反馈。

狭义上的交互传播是指传播主体间信息高效流通的传播活动。传受双方对媒介渠道的使用具有平等性,信息传播快速及时、媒介与环境的噪声较小、传受双方具有明确的交流意图和目的。

原有的单一的媒介叙事在融媒体的环境下已经不再适用,而是演变成一种交互式的传播。融媒体将传统媒体原有的单一、线性的传播方式向多元、交互变化。可以说当下的交互,不是两个事物之间的简单互动,而是传播者与受众之间、受众与受众之间、受众与内容之间、媒介与媒介之间的混合的、多维度的关系。

传播者与受众之间的互动,使得传播者的主导地位下降,受众的角色变得更加重要,他们的反馈和参与能够影响传播内容的优化和调整。这种以受众为主体的交互性能够使信息以"人民群众喜闻乐见"的形式进行传播。融媒体的交互性将信息传播变得更加民主,更具社会性,因为信息通过受众的参与和反馈得以广泛传播,并且更容易被受众"接纳",而不再是单方面的灌输。

融媒体内容生产和传播的交互性还体现在受众与受众之间、受众与内容、媒介与媒介之间的互动。受众之间的互动对视觉信息具有补足和意义扩展的作用,在这种互动中信息含量不断增加,并伴有受众对视觉信息的多次加工和创作,甚至可以产生新的视觉元素,如 Web2.0 时代的 BBS 论坛和当前的各大社交平台在事实上都为受众提供了一个全景敞视的网络围观平台①,舆论的力量可以推动话语批判、舆论监督,甚至成为一种新的爱心接力形式②,有时也会引发"人肉搜索"等网络暴力和群体极化等一系列事件。

此外,由于融媒体的视觉呈现和表现力更强,受众与信息内容本身的互动性也会增强,再加上互动短视频、交互性动画和虚拟现实的应用,受众和信息内

① 靖鸣,蔡文玲.从全景敞视监视到全民网络围观:动因及其特征[J].当代传播,2019(2):36-39.

② 高二会.论网络围观的源起及其正负效应[J].新闻研究导刊,2016(20):60-61.

容之间的互动更直接有效。融媒体也不仅局限于视觉上的交互,H5、小游戏之类的形式频频出现在我们的接收终端,这些呈现方式和内容形式更能调动用户的视觉、触觉、听觉等多种感官,实现“沉浸式”的体验。此外,沉浸式的 VR 新闻作品也正在崭露头角,不仅通过视觉、听觉,还通过触觉等多种感官来创造全新的信息体验,使受众更深入地融入其中。

总体而言,融媒体的交互性将传播从单一的信息传递演变为信息的共创、共享和共鸣。在信息的互动和共享中,融媒体逐渐展现出其全新的可能性,从而为人们创造出更加丰富、深入的信息体验。

◆案例:换装类产品

近年来,融媒体产品中的“换装”与“换妆”系列已成为一种受欢迎的互动形式,尤其是在重大节庆和特定的时间节点,这类产品通过简单的制作和日常化的设计理念,成功地吸引了大量的用户参与和互动。

人民日报客户端在 2017 年为庆祝中国人民解放军建军 90 周年推出互动 H5 产品《快看呐!这是我的军装照》,通过人脸识别和融合成像技术,用户能生成自己的虚拟“军装照”,表达对人民军队的喜爱之情,获得了非常好的传播效果和反馈。这款 H5 产品发布后,立即呈现出现象级的传播状态,不同年龄、区域、行业的网友都踊跃生成、分享自己的“军装照”,在建军节前后引发了刷屏效应,形成了爱国爱军的强烈氛围。截至 2017 年 8 月 7 日,H5 的浏览次数(PV)超过 10 亿,独立访客(UV)累计 1.55 亿。其中,仅 8 月 1 日建军节当天的浏览次数(PV)就达到 3.94 亿,独立访客(UV)超过 5700 万。业界人士评价,这个传播数量级创下业界单个 H5 产品访问量新高。凭借创纪录的访问量和崇高的主题,该作品荣获中国新闻奖一等奖 。

此后,其他媒体也纷纷推出了类似的产品。如 2019 年新华社推出了 H5 产品《我的最美“打卡照”》,以国庆 70 周年庆祝活动中身穿漂亮服饰走过长安街的群众为设计灵感,携手快手和北京服装学院,将“傲雪之姿”“女民兵”“百鸟之王”“紫气东来”“锦鲤中华”等8套国庆游行活动中群众所穿服饰置于素材库中,使得受众可以在上传个人照片后,即刻生成一张穿着庆典服装的“打卡照”,让每一位受众都可以获得一个尽情展示不一样美的机会。

图8-1 《我的最美“打卡照”》

然而,尽管这类产品在互动性和用户参与感方面具有优势,但也需警惕其中的伦理风险。在使用这些产品时,个人隐私信息可能会被泄露,特别是当涉及脸部识别等技术时,存在潜在的公民身份信息被窃取的风险。因此,随着这类产品的发展,保护用户的隐私和个人信息安全显得尤为重要,必须谨慎对待并采取相应的保护措施。

德国哲学家弗里德里希·席勒(Johann Christoph Friedrich von Schiller)曾指出:“人类在生活中要受到精神与物质的双重束缚,在这些束缚中就失去了理想和自由。于是人们利用剩余的精神创造一个自由的世界,它就是游戏。这种创造活动,产生于人类的本能。"[①]在现代社会中,以游戏为形式的融媒体产品在传媒中扮演着重要角色,因为它们能够吸引用户的积极参与,促使用户自发地融入其中,这对于信息传播具有难得的价值。在这类融媒体产品中,将信息融入游戏环节能够产生积极的传播效果,实现"玩中学"的互动关系。

◆案例:游戏类产品

人民日报客户端曾推出一款"一带一路"互动小游戏。在游戏中,用户扮演重走古代丝绸之路的主角,跟随着游戏中的NPC(非玩家控制角色,Non-Player Character)一起重走丝绸之路,并与张骞、郑和、玄奘以及飞天女神等历史人物和

图 8-2 "一带一路"互动小游戏

① 席勒.审美教育书简[M].冯至,范大灿,译.北京:北京大学出版社,1985:80.

神话人物成为虚拟好友,在虚拟世界中进行互动,通过微信“朋友圈”穿越古今,在其中嵌入趣味性和知识性的内容。在游戏的过程中,玩家逐渐了解“一带一路”倡议,最终引出习近平主席关于“一带一路”倡议的相关论述。这种融媒体游戏形式使得学习和娱乐融为一体,用户在娱乐的过程中自然地学习了解国家的大政方针,并培养出文化自信和民族自豪感。

第二节　分众传播

网络媒体的兴起打破了报纸、广播、电视“三足鼎立”的态势,形成“万舸争流”的局面,带来了新的传播方式和受众关系。网络媒体的崛起使得传播不再受时间和空间的限制,受众能够根据自己的兴趣和需要自由选择信息,并在任何时间和地点获取信息。这从传统的被动接收转变为主动选择,将受众置于信息传播的中心地位,传受之间的关系发生了根本的改变,“传者中心”为“受众中心”所替代,从而形成了更加个性化的传播服务。

融媒体在这种背景下充分整合了传统媒体和网络媒体的特点,为受众提供了更广泛、更丰富的选择空间。

正是在这个信息大爆炸的时代,一方面大量无用信息、虚假信息湮没了有价值的信息,另一方面人们找到自己所需的信息所花费的时间越来越长,因此,受众的选择变得越来越重要。在这个选择的过程中,人的动机、需要、情绪、情感等因素都会起到相当重要的作用。当传播内容能够满足人们的动机和需要,并能够带来愉悦的心理和生理体验时,人们的注意力就会指向和集中到这些内容上来。此外,移动互联网技术的大力发展,使受众接收信息从传统固定端(PC 端)到移动端可以实现无缝连接的转换。同时,大屏幕和小屏幕广泛使用,两种不同信息接收硬件端已聚集了不同的受众。

基于受众的动机和需要的不尽相同,融媒体的信息传播有了分众传播的必要性和可行性。分众传播可以更好地满足不同受众的特定需求,实现信息与受众的精准匹配,通过定制化的内容、个性化的推送以及与受众的互动来实现,同时也是实现信息传播对接收端的全覆盖。

分众传播与互动传播的结合使得传播变得更加有针对性和效果显著。受众在传播过程中不再是被动的信息接收者,而是具有选择权和参与权的信息交互的一方。这种双向的沟通能够使传播更具针对性和效果,同时也满足了受众的主动参与需求。

总之,融媒体时代的传播趋势在于更加个性化、精准化的传播服务,分众传播与互动传播的结合能够更好地满足受众的需求,实现信息与受众的有机结合。

◆案例:央视 2022 春节联欢晚会(横屏和竖屏)

"竖屏看春晚"是央视为了适应移动互联网时代用户的收视习惯,首次推出的移动端春晚直播模式,旨在满足现代观众在移动端收看春晚的需求,同时也充分利用了移动互联网的特点,增强了春晚的社交属性和互动性。网络直播的转发、分享与弹幕等功能更是延展了春晚的社交属性,人们不仅可以像往常一样在微信群或微博对春晚内容进行评论、二度创作,也可以在春晚的直播间当中进行实时互动,分享自己奇趣的想法、收获的感动,还能够定时"抢"到直播间送出的"福利"。

此外,"竖屏看春晚"并不是将传统的春晚内容"竖放"或"截取",而是通过专门架设的 5 台竖屏机位,运用竖屏视听语言,将节目内容优化呈现给手机屏幕前的观众。通过狭窄的屏幕,观众能够体验到类似网络"直拍"的效果,放大节目中的细节,将观众的注意力引导至节目中的主要部分,从而提升节目内容的沉浸感和传达力。

总的来说,"竖屏看春晚"是央视在移动互联网时代的创新尝试,通过适应观众的收视习惯和利用移动互联网的特点,使春晚更加贴近观众,增强了社交互动性，提升了观众的参与感和观看体验。

图 8-3　2022 年春晚横屏版

图 8-4　2022 年春晚竖屏版

第三节　全能传播

国家对于媒体在社会中的作用一直持续关注和重视,《国家"十一五"时期文化发展规划纲要》提出:"发展新兴传播载体。充分发挥国家主流媒体在信息、人才等方面的资源优势,发展手机网站、手机报刊、IP 电视、移动数字电视、网络广播、网络电视等新兴传播载体,丰富内容,创立品牌,不断提高市场占有率。"2020 年 9 月,中共中央办公厅、国务院办公厅印发的《关于加快推进广播电视媒体深度融合发展的意见》明确提出主流媒体要发挥市场机制,探索"新闻+政务商务服务"的运营模式,这也是融媒体发展的重要创新之路。在这种模式下,新闻这种信息生产的本职工作依然是主流媒体的立身之本,是媒体向其他行业衍生的立身之本,而政务、商务、服务又有不同的面向,拓宽了媒体对于政府、行业、民众不同用户群的价值空间。①

融媒体的发展在我国媒体生态中扮演了重要角色。融媒体将媒体融入社会生活的方方面面,从政治、经济、文化、军事等多个层面发挥作用,实现全面的传播效能。在这个过程中,媒体不再仅仅是信息的传递者,还要成为与社会各领域相互关联的"生态系统"的一部分。这需要媒体具备更多的功能和角色,不仅仅局限于传播新闻,还需要扩展到内容创意、政务服务、商务合作等多个领域,以更好地满足社会需求。

国家对媒体发展的扶持不仅仅体现在资金投入上,更重要的是在政策支持、资源倾斜等方面。媒体也需要在探索"泛内容"的同时,平衡社会价值和商业价值,以实现可持续发展。只有在这样的平衡中,融媒体才能够在未来持续发展并发挥更大的作用。

---

① 丁汉青."新闻+政务商务服务"创新运营模式分析[J].法治新闻传播,2022(1):39-41.

一、融媒体+政务

融媒体与政务的结合是当前融媒体的一种重要功能扩展。在这个模式之下，媒体和政府之间呈现出一种有益的双向互动关系，同时也为公众提供了更丰富、及时、多样化的政务信息服务。

政府通过购买媒体服务的方式，将媒体的传播能力和专业性应用于政务领域。政府可以利用媒体的活动策划、舆情监测、政策宣传等能力，增强政务的传播力和影响力。通过与媒体合作，政府能够更好地满足公众对政务信息的需求，推动政务信息更有效地传递给广大民众。同时，政府还可以利用媒体的创意和传播渠道，打造城市品牌、推动重大活动，从而实现政务与公众的更紧密互动。

沈阳日报社积极探索全媒体建设，有效整合媒介资源，探索策、采、编、发的流程再造，通过“重心下移”，积极搭建平台，截至 2019 年已成立驻沈北新区、市营商局、大东区、皇姑区、市纪委、团市委、市交通运输局、市委老干部局 8 家全媒体工作室，更好地服务基层、服务职能业务单位工作，取得较好效果。通过网络公开的信息，我们也可以查询到大量党政机关购买媒体宣传服务项目的公示，中共昆明市统战部就计划斥资 20 万元人民币在媒体平台开设“筑同心·跟党走——统战故事汇”专栏并开设“党史学习”栏目，这些都是融媒体+政务的模式。

同时媒体由于其自身特点，在很大程度上能够为政府信息的发布提供一个窗口，为应急处理、舆论引导提供助力，成为基层治理的重要一环。这种作用在新冠疫情的防控中很有效，如央视频 App 对武汉雷神山医院、火神山医院建设进行了 24 小时不间断的直播，此后还有许多“慢直播”节目开设，如“云守望：见证此刻　期待春暖花开”“湖北黄冈，见证春天到来的脚步”“来德宏，看美丽犀鸟”等，极大地鼓舞了民众的士气，营造了一个积极抗击疫情的舆论氛围。广播——“村庄中”的大喇叭在打通基层治理“最后一公里”中也发挥了重要的作用,在发生重大自然灾害、突发事件、公共卫生与社会安全等突发公共危机时,国家长期构建的应急广播系统能够提供一种迅速、快捷的信息传输通道,及时、准确地将最新的信息传达到每一位百姓的耳中。

政府与媒体的合作不仅在传播方面具有价值,还可以通过媒体的深度报道、解读分析等方式,使政策更透明、决策更民主,提高政府的决策合法性和民众的参与感。这种合作模式在满足公众需求、提升政务传播效果以及推动媒体创新方面都有着积极的影响。

二、融媒体+商务

融媒体传播也必须根据主流视听发展进行自我革新,媒体深度融合仅仅靠自身的力量是难以达成的,随着互联网与数字经济的发展,传媒产业与其他产业的边界被消融弥合,呈现出"液态"的产业发展现状。[①] 这种边界是模糊互嵌的,并且呈现出丰富的样态。与此同时,网络直播在近期也表现出强大的势头,越来越多的主流媒体开始了网络直播带货模式。网络直播热度持续攀升,多家媒体开设直播账号,如央视新闻、东方卫视、湖南卫视等,开展线上文化交流与特产售卖,形成了包含自有"新媒体矩阵+电商直播平台"的综合阵营。这些新趋势对融媒体提出了新的要求,关键在于如何将商务元素融入其中,打造自我造血的机制,不断唤起自身的创造力和活力。

2022 年 2 月 16 日,央视新闻与拼多多联合举办了一场百亿补贴直播带货活动,这场直播活动通过央视新闻微博、央视新闻视频号、央视频客户端、拼多多 App 和小程序等多个渠道同步直播,所有售卖的商品在平台百亿补贴的基础上再次进行二次优惠,在开年后给全国人民带来了一场购物盛会。在该场直播中,李思思、尼格买提等央视主持人为网友推荐了百雀羚、回力、飞跃、海鸥、马克华菲、安踏、立白、李宁等国货品牌的产品,助力"新国潮""新国货"直连新消费。短短几个小时,全国 1300 万消费者进入直播间进行观看、拼单和互动,截

① 黄楚新,陈智睿.2021 年我国媒体融合发展盘点[J].青年记者, 2021(24):9-12.

图 8–5　央视新闻与拼多多联合举办直播带货活动

至当晚22时,海鸥、回力、百雀羚等品牌的单品的平均日销量同比增长超370%,并带动平台新国潮、老字号等产品增长超过240%。这场活动在带动新型数字消费的同时也宣传了消费国货的新理念,为国内经济内循环注入了新的活力,是中央级媒体入场商业的一次有益探索。

总的来说,融媒体传播的自我革新与其他产业的深度融合正在成为媒体融合向深度发展的趋势。融媒体机构必须保持开放的思维,积极创新,探寻与其他产业合作的新机遇。通过商务植入和创新的传播模式,融媒体能够实现内外结合,为观众提供更多元化的内容体验。未来,融媒体将继续探索新领域,为社会创造更大的价值和影响力。

三、融媒体+服务

融媒体在我国的新闻宣传事业中扮演着不可或缺的角色。作为媒体,必须能够履行四重角色——党的思想传播者、时代声音的记录者、社会进步的推动者、公平正义的守望者。媒体只作为信息的传播者是远远不够的,它还应该为社会提供服务、搭建平台。

移动互联网的广泛应用使得人们的工作、生活越来越离不开"在线"处理。在新冠疫情防控常态化时期,各类"抗疫服务平台""抗疫求助平台"都发挥了重要作用,居民可以通过这些平台提交生活需求和反映特殊情况,实现需求对接,达到快速响应和处理的效果。一些地方的市县客户端如"掌上永康""滨江发布""爱尚富阳"等新用户数激增,日活跃用户数猛增数倍甚至数十倍。同时,远程服务如居家办公、远程授课、在线处理等重要性更加凸显,这都要求融媒体进一步加强建设,为大众提供更广泛的工作和生活支持。各类全媒体软件、应用、平台都着力提供丰富的信息,如天气、交通、违章、租售交易信息等,构建信息的"集散地",还开设各种建言献策、监督监管平台,成为信息传递的重要"中转站"。

此外,智慧广电成为一条重要的实践路径。它不仅在信息传播中发挥作用，还不断拓展业务领域，为政治经济、文化娱乐的发展注入动力。例如，四川广播电视网络上线了电视地震预警服务，这是一款秒级的地震语预警服务，已经覆盖了四川省 21 个市州 183 个县（区、县级市），使四川省成为全国第一个域内县级电视地震预警全覆盖的省级行政区。这项功能在地震预警领域取得了世界领先地位。智慧广电还服务于智慧乡村、智慧城市的建设，贵州省安顺市鲍家屯村卫生医疗室就可以通过电视系统与用户进行基层连线，实现了用户足不出户就能轻松就医。

在可以预见的未来，融媒体将更深层次地全面融入我们的生活，其服务功能将打造一种全新的业态，推动人民群众拥有更加便捷的生活。

第四节　智慧传播

我国的媒体融合和技术发展可以分为三个阶段：2001～2007 年的媒体融合期、2008 年至今的融合媒体期、未来将至的智能媒体期。当前的融媒体正处在“智能媒体的石器时代”①，即融合媒体期和智能媒体期的过渡阶段。随着传播技术的不断发展，融媒体传播也必然朝着智能化方向转变。

随着 5G、4K/8K、大数据、云计算、物联网、区块链、人工智能等技术在传播全过程中的综合应用，融媒体已经悄然发生变化。随着智能化在人类社会中的广泛运用，融媒体进行智慧传播是发展的大趋势。我们可以将其理解为，在充分开启人脑动能的基础上，以超级大数据为依托，以计算机技术为主轴，交叉融入数学、生理学、仿生学、哲学、心理学、社会学、生物学、语言学、逻辑学等多类学科，应用于现代传播作品组合拼装配送等生产环节、内容识别和产业管理等方方面面，包括智能机器人写稿、人工智能“环境拟态”和“场景再造”、新闻图片智能识别、新闻素材智能转换（声音文字转换、视频文字转换）、新闻源头

---

① 廖祥忠.从媒体融合到融合媒体：电视人的抉择与进路［J］. 现代传播（中国传媒大学学报），2020，42（1）：1-7.

事实核查和新闻内容个性化推送等。①

技术的进步也在重构融媒体的生产流程。计算机的出现使得原有的纸笔化工作演进为网络化处理。随着 5G 技术的普及,其高速度、泛在网、低功耗、低延时、万物互联的特点使得瞬时传播成为可能,满足了人们对于快速获取消息的需求。“云”技术的出现也为全天候、全时段、消息互联互通提供了条件,用户可以在“媒体云”中分布式地存储和处理多媒体应用数据,这减轻了很多用户对于多媒体软件维护和升级的负担。② 而大数据和算法使全媒体新闻中心更好地了解用户需求,根据用户喜闻乐见的消息产品,并且实现精准推送。智能传播最早可以追溯到新闻的自动化生产,经过多年的技术演进,人工智能技术和虚拟现实技术得到了进一步的发展,也成为融媒体内容创作和传播的热点。通过虚拟现实技术,用户可以身临其境地体验新闻场景,大量 VR 新闻作品开始涌现。2016 年“两会”期间,人民日报社创作出《VR 带你进会场,政协大会这样开幕》的作品。在庆祝中华人民共和国成立 70 周年大会上,全景视频《沸腾 400 秒》让用户通过第一视角在坦克、飞机等武器装备中“前往”天安门广场接受检阅,这类技术的应用,使得用户能够有身临其境之感,实现沉浸式的体验。

新技术不断涌现,融媒体在创新方面持续前进。在万物皆媒的智能媒体时代,融媒体将更加智能化地嵌入我们的生活,与人们的日常生活实现更紧密的互动。通过超级大数据、人工智能等技术,融媒体将进一步满足人们对信息的需求,实现更个性化、精准化的传播,呈现出一种新的“人机共生”的传播模式。在智能媒体的引领下,未来的融媒体将以更智慧的方式与人们互动,进一步丰富和改变我们的传播体验。

一、写作机器人

在智能媒体和智慧传播的领域,写作机器人已成为一个不可回避的话题,

---

① 谭铁牛,曾静平.智能传播的现实应用、理论溯源与未来构想[J].浙江传媒学院学报,2018(2):2-8,147.

② 赵华.媒体融合大势下的媒体云现状与思考[J].传媒观察,2017(1):48-49.

写作机器人依托人工智能、大数据研判和机器学习等多种技术，构建了一种新型的新闻生产方式。机器人写作能够大幅提高新闻生产的速度和效率。传统的新闻报道需要通过记者多方面了解事件，结合采访等传统手段，将各个信息汇编整合并修改为稿件进行发布，而写作机器人能够将这一过程自动化，通常一篇体育赛事的报道可以在 10 分钟之内完成，极大提高了信息生产和传播的速度，满足当下人们对即时新闻的需求。同时，机器人写作在很大程度上能够保障新闻的真实性和客观性，由于人工智能不受情感、立场、生活经历等因素的影响，它能够提供更为客观的报道。

国内外已有大量的写作机器人被运用于实践中。早在 2009 年，美国一款名为"StatsMonkey"的软件就率先在美国的职业棒球联盟(MLB)季后赛上成功完成了一篇机器人写作稿件。西班牙 Vocento 公司的 Medusa 项目旨在为《体育》杂志自动化生成西班牙乙级联赛的足球信息。此外，《华盛顿邮报》在 2012 年大选时的报道数量是 2016 年使用机器人记者 Heliograf 报道数量的 15%。据估算，Automated Insights 的人工智能技术在企业盈利报道方面为记者们节省了 20%的工作时间来完成更加复杂的其他工作，而且在节省时间的同时也提升了正确率。①

ChatGPT(全名：Chat Generative Pre-trained Transformer)，是美国人工智能研究实验室 OpenAI 研发的一款聊天机器人程序，2022 年 11 月 30 日发布。作为一款由人工智能技术驱动的自然语言处理工具，它能够通过理解和学习人类的语言，实现与人类的对话互动，并根据聊天的上下文进行交流，真正像人类一样来聊天，甚至能完成撰写邮件、视频脚本、文案，以及翻译、代码编写、论文写作等任务。

国内也出现了许多写作机器人，腾讯的 Dreamwriter、新华社研发的"快笔小

---

① MOSES L. The Washington Post's robot reporter has published 850 article in the past year[EB/OL].(2017-09-14)[2023-11-10].https://digiday.com/media/washington-posts-robot-reporter-published-500-articles-last-year/.

新”和百度研发的“文心一言”等较为知名。2015 年时，腾讯的财经部门推出了国内第一篇“机器人新闻”，标题为《8 月 CPI 同比上涨 2.0%创 12 个月新高》，腾讯写作机器人 Dreamwriter 运作流程主要包括五个环节，分别为：建立信息大数据库，完成机器对信息大数据库的学习任务，根据发布需要完成具体的写作任务，对完成的内容进行审核，将新闻发布。① Dreamwriter 的新闻生产过程类似于一个写作模板的拼合，它从数据库中随机抽取每个环节的内容，然后根据财经新闻写作规则将这些内容组合成最终的报道。

同样在 2015 年，新华社推出了名为“快笔小新”的机器人记者，成为新华社的首位机器人“同事”。“快笔小新”在重要体育赛事、股市开收盘、上市公司财报季等时刻，会根据公布的信息自动生成新闻稿件，编辑记者在编辑系统对“快笔小新”生成的稿件进行核对后正式签发。2017 年，新华社的机器人采访和写稿项目荣获“王选新闻科学技术奖”一等奖，这也体现了行业协会对于写作机器人的认可。

此外，百度也推出了“文心一言”，它是百度全新一代知识增强大语言模型，属于文心大模型家族的一部分。“文心一言”能够与人对话互动，回答问题，协助创作，高效便捷地帮助人们获取信息、知识和灵感。“文心一言”基于飞桨深度学习平台和文心知识增强大模型，持续从海量数据和大规模知识中融合学习，具备知识增强、检索增强和对话增强的技术特色。2023 年 7 月 3 日，百度“文心一言”App 已在苹果 App Store 上架，用户可免费下载安装。

这些写作机器人的涌现和应用展示了人工智能技术在传媒领域的潜力和创新，这也是融媒体向智能融媒体发展的有益探索，极大地助力智慧传播，提升传播效率。然而，需要注意的是，人类编辑和专业人士的参与仍然至关重要，以确保写作机器人生成的内容在质量和多样性方面能够满足不同需求。

---

① 崔超瑾.人工智能语境下新闻业变革研究：以“腾讯写作机器人 Dreamwriter”为例[J].西部广播电视，2019(24)：21-22.

二、AI 虚拟主播

AI 虚拟主播的历史可以追溯到虚拟主持人的出现。早在 2001 年英国就诞生了世界上首个虚拟主持人“阿娜诺娃”(Ananova)，这标志着人工智能开始在主播领域取代人类的角色。随着技术的不断发展,当前各类媒体中的 AI 虚拟主播不断涌现,用户对于这种虚拟主播的体验和认可程度也在逐步提升。比如,北京卫视推出了“时间小妮”,以人工智能和情景对话的形式为用户提供贴心服务;湖南卫视推出数字主持人“小漾”;新华社推出漫游太空的“小净”,全球首个 3D AI 合成主播“新小微”;央视也推出“小小撒”“康晓辉”等虚拟主播。从 2D 到 3D,随着人工智能技术的不断进步和 5G 技术应用的不断创新,虚拟主播在仿真度、人物美化度上都会更加趋于完善。

从功能和类型来分类的话,AI 虚拟主播大致可以分为三类:数字孪生型主播、传统虚拟主播、合成主播。[①]

数字孪生型主播:这种主播通常以真实人物为基础,通过学习其外貌、动作、声音等多个方面,进行复制和建模。这类主播在外观和行为上模仿真人,从而实现更广泛的应用。

传统虚拟主播:通常以二次元的形象出现,虽然不同于真人,但其动作、声音等需要由真人来完成。例如,视频平台 B 站在 2020 年上线了一个虚拟主播“菜菜子 Nanako”,这是著名演员蔡明的虚拟形象。

合成主播:这类主播往往综合了多种要素,通过全面的合成实现,这是一种 AI 虚拟主播的“高级状态”,其背后的大数据和算法更加复杂。这种主播不仅在外貌上模仿真人,还具备一定的思维能力,可以进行简单的问题分析和处理。例如,新华社和搜狗公司在 2020 年 5 月推出的“新小微”是全球首位 3D AI 合成主播。它以新华社记者赵琬微为原型,融合了多模态识别及生成、实时面部动作生成及驱动、迁移学习等多项人工智能前沿技术设计制作而成,结合了大

---

① 许敏玉,马梦雅.离身与具身:主流媒体 AI 主播价值建构[J].青年记者,2022(14):100-102.

量的主播数据信息，使其在肢体动作、眼神、唇动等方面与真人相似。同时，它还支持实时多机位、多景深拍摄，极大地丰富了AI虚拟主播播报新闻节目的多样性。随着各类技术和各种理念的渗透，未来出现在主播位置上的到底是真人还是AI虚拟主播，可能会出现含混的情形。

图8-6　新华社“新小微”

尽管各类技术和理念在智能媒体和智慧传播领域得到广泛的应用和发展，我们还是应该对此保持警惕。当技术的使用介入了新闻信息生产的过程时，技术理性开始占据上风，以“人”为主体的真实建构开始与以“物”为主体的技术理性产生联系，在这样的背景下，我们要避免盲目地推广和使用技术，应该在合理的框架下对其进行规范和界定，确保技术的使用始终受到适当的限制。

融媒体的发展是一个不断演变的过程，我们很难在某一特定的时间段将其看作已经发展成完全体，或者预测会有全新的媒介形态来取代它。在新媒体之后，还会出现“新新媒体”，这种变化是源源不断的。这些不同的媒体形态并不是迭代的关系，而是将长期共存，各司其职，逐渐融合和内化，这才是融媒体发展的重要方向。因为融媒体的内涵和外延总在不断变化发展，将其视为一个动态发展、不断勃兴的过程更为合适。在这个生态下，融媒体与中华传统文化一道，在坚持自身内核的基础上兼容并蓄，博采众长，维持着自身的生命力和吸引力，更好地面向未来。

融媒体内容的生产和传播，在遵循信息传播规律的前提下呈现出全新的特点，在技术赋能和政策支持下在中国拥有无限发展之活力，这也为我国信息传播生态建设走在时代前列提供了重要保障。作为新闻传播相关专业的学习者或者融媒体行业的从业者，我们需要保持终身学习的态度，就如同麦克卢汉在《理解媒介：论人的延伸》中提到的，"高级行政人员到了中年时需要获取新的基础知识和基本技能，这是电子技术最普通的要求之一"①。随着融媒体的不断发展，信息传播中"自动化""智能化"的趋势已经越发明显，不仅"高级行政人员"在进一步学习，所有人都被时代裹挟着吸纳全新的知识，甚至一些老年人都开始使用各类短视频平台来丰富他们的日常生活。数字化身份码、健康码、行程码等已经成为建立个人社会身份、规范个人社会行为的重要工具，人机之间的界限不断被打破，新的伦理讨论方兴未艾！

传统技能和行为方式已经难以满足当下信息生产的要求，我们必须在融媒体时代"学会生存"，从思维端去改变，在技能上去磨炼，于实践中去感悟。我们必须坚持发展的眼光，秉持取精去粕的态度，坚持实事求是的作风，维持创新进取的姿态，这样才能使得融媒体内容的生产和传播持续不断创新。

---

① 麦克卢汉.理解媒介：论人的延伸[M].何道宽，译.北京：商务印书馆，2000：435.

第九章　融媒体的未来展望

本书在之前的章节中对“何为融媒体”“融媒体及思维方式”“融媒体的受众”“融媒体从业者的基本素养与技能”“融媒体内容产品”“融媒体内容产品的生产流程”“融媒体的传播特征”和“融媒体的传播类型”等问题做了一系列的阐述，这些内容主要源自笔者长期以来的实践、教学经验的总结和本领域专家学者已有的研究成果的爬梳，目的是帮助读者更好地理解融媒体的定义、融媒体的特点和融媒体内容生产相关的内容，能够从理论的高度去把握，从实践的视角去看待，如能调动一部分有志之人投身于我国融媒体生态的建设，那是再好不过了。

我们对一个事物的理解要能够涵盖时间的流变，立足本来，关注现在，放眼未来，对于融媒体我们要了解其来龙，更要看到它的去脉，并在其中能够找到尚未填补的空白和仍需改进的缺漏。本章将对融媒体的一些易混淆问题进行辨析，并结合当前的媒体实践，指出未来融媒体可能的发展趋势，希望能够拓展思路，提供一些参考。其中我们需要特别关注几个问题：“融媒体”这个概念是否会逐渐消解？融媒体的内容将拓展到哪些领域？技术与融媒体之间的关系是如何演变的？融媒体如何在中国背景下实现本土化？思考这些问题将有助于我们更深入地探索融媒体的未来。

第一节 融媒体自身的模糊和曲解

尽管我们已经对融媒体在行业实践中的优势以及对传统媒体转型所产生的积极影响进行了广泛的讨论并取得了丰硕的成果，但“融媒体”概念本身依然存在一些模糊不清的地方，甚至在其内部含义方面出现了一些冲突，这使得它可能面临着被消解的风险。其中，“融媒体”概念的模糊首先体现在“融合”的意义上。在这一方面，融合远非简单地将一条信息分化成多种形式并上传至平台，也不是简单地将多种媒体在技术、内容层面上的简单相加。融合必须建立在对信息分化的承认之上。举个例子来说，媒体融合并不意味着要将所有终端设备合并成一个，相反，在终端设备被高度分化的基础上，依然提供互联互通、融会贯通的信息、应用和服务。如果不能准确理解“融合”的概念，仅仅是将信息数字化成多种形式并上传至相同或不同的平台，只会导致信息和数字资源的浪费。虽然同一条信息被拆解重组为不同类型，但本质上的信息量并未发生改变，反而重复信息的广泛传递将进一步使人们在信息爆炸时代本就过剩的疲劳感加重，造成“1+1+…+1=1”的效果。

目前，融媒体实践仍然局限在数量的“融合”上，而忽视了质量上的“融合”。在很多情况下，人们更倾向于通过各种技术手段搭建各种传播平台，将其作为一种炫耀的资本，却忽视了传播的终极目标——传播的效果。很多县级融媒体平台都在打造“中央厨房”，试图打破采写编的界限，不惜耗费巨资建设科技感十足、大屏小屏琳琅满目的“指挥室”，但很多流于形式，并没有被真正利用起来，最后沦为了领导前来检查时用作接待拍照的场所，或者沦为了“假日厨房”，只在关键时间节点开放作为应景的“气氛场”。之前很火的政务新媒体平台被认为是打造融媒体矩阵的重要阵地，各地各部门纷纷上马，根据第47次《中国互联网络发展状况统计报告》，截至2020年年底，全国有政务机构微博14万余个，政务头条号8万多个，政务抖音号2.6万多个，这个数量无疑是惊人的，但是很多账号的阅读量只有个位数,长期无人管理,成为只会例行转发文章的“僵尸号”。

值得关注的是,“融媒体”的概念是专业且丰富的,但并不是一些花哨的形式和重复的内容就可以称为融媒体内容生产与传播,这会消解融媒体自身的严肃性和传播的公信力。因此,我们必须注重从“扩面增量到提质增效”的转变,坚持“一次采集、多种生成、多元传播”的思路,并且因地制宜、因时制宜地面向域内或服务范围内的受众,实现融媒体内容生产和传播的效果最大化。

第二节 技术的迷思

在有关融媒体的研究和融媒体的实际发展中,技术的进步一直在推动媒体的发展,也是促进媒体形态发生变化的重要因素。随着智能化的发展,ChatGPT、AI虚拟主播的出现,不仅给媒体的发展带来了巨大的机遇与挑战,同时也对媒体从业者产生了冲击。现在,只要提供几个关键词,ChatGPT 就能写出新闻稿;把新闻稿件输入 AI 主播系统,它就能完成新闻的播报,而且几乎没有错误。这些新技术的应用可以替代媒体从业者完成一部分的工作内容,特别是一些简单、低端、重复性的工作,随着技术的发展,这种替代将会覆盖更多的工作内容。所以,媒体从业者需要树立危机意识,技术的进步一方面能够帮助从业者提高工作效率,另一方面也可能会替代那些低端劳动者。

另外,在有关媒体融合的研究和实践中,常常忽视了技术所催生出的文化的重要性。“每一种媒体在发展过程中都在逐渐形成自己独有的‘文化’,这种文化是特定的传播平台与制度下的传播主体、手段、理念、思维等集合作用的结果,又结合着媒体运行的环境因素、体制因素和市场因素。”①这也就意味着,文化隔阂是媒体融合过程中的一个关键隔阂。过去传统媒体所形成的“文化”特征是稳固、严肃、单向的,是建立在权威性基础上的被动文化,而如今,新媒体的

① 彭兰.文化隔阂:新老媒体融合中的关键障碍[J].国际新闻界,2015(12):125-139.

“文化”特征则是建立在共享机制上，更加多元化、具有参与性甚至反叛性的主动文化。如何调和这两种“文化”之间的冲突将成为融媒体未来发展的重要课题。

我们需要清晰地认识到，技术是融媒体发展的驱动因素，而非决定性因素，不同的媒介形态从单一的个体到融合的群体，政策、商业、经济等因素都发挥着重要的作用，所有的驱动因素中，技术起到的作用是最直接的，它能够直接变革传播的方式，所以有时会出现一种“技术决定论”的误区。[①] 技术是一把双刃剑，带来的不仅是进步和便利，有时也会带来灾难和恐惧。影视作品如《终结者》系列、《生化危机》系列以及游戏电影《头号玩家》《时空玩家》都对技术发展带来的伦理和社会问题进行了探讨，一定程度上揭示了技术失控的危害和潜在危险。在融媒体领域，技术的进步能够使媒体成为“全程媒体、全息媒体、全员媒体、全效媒体”，但也必须承认，随之而来的算法伦理、信息茧房、知识鸿沟等现象也给整个信息传播生态带来了无法忽视的负面影响。因此，我们需要对技术驱动的因素进行深入的分析，构建科学有序的传播新秩序。

第三节　中国的实践

“明者因时而变，智者随世而治。”中国的融媒体事业伴随着党和国家事业的发展同向而行，在中国共产党的坚强领导下，在我国特有的宣传体系内，在长期的媒体实践中，融媒体已经成为国家战略，并且持续地因时而变、应势而动、顺势而为，在不断迭代创新中取得了显著的发展。2022 年，习近平总书记在中国人民大学考察调研时强调，要以中国为观照、以时代为观照，立足中国实际，解决中国问题，不断推进中华优秀传统文化创造性转化、创新性发展，不断推进

① 严三九.技术、生态、规范：媒体融合的关键要素[J].人民论坛 · 学术前沿，2019(3)：22-29.

知识创新、理论创新、方法创新。[①] 这就要求在社会关系连接的关键阶段，中国媒体要重新定位；在社会治理体系变革的关键节点上，中国媒体不能故步自封；在传播发展紧跟时代浪潮的关键时刻，中国媒体必须推陈出新。

我们正在努力打造一个具有中国特色的社会主义新型传播生态。在这个生态中，报纸杂志、广播电视等“旧媒介”，电子邮件、BBS 等“新媒介”与博客、社交平台、元宇宙等“新新媒介”并不是相互取代的关系，而是互相补充、共生共存的良性竞争关系，其最终的指向是一种“你中有我、我中有你”的互融共建生态。在此之后又会出现新的“新新媒介”，但无论媒介如何变化，融媒体的理念与思维模式可以包容并发挥作用，探索适应本土的传播模式，实现“各美其美”，最终达到“美美与共”的目标。

中国的融媒体事业也不断更新，从 1999 年“媒介融合”的概念进入国内开始，我国的融媒体事业经历了从市场竞合启动的媒体流程再造到融入国家治理体系的内容变迁。[②] 这个演进的动力来自两个方面：一方面是传统媒体转型求生的内发动力；另一方面是国家治理体系关注信息传播能力的时代背景的外来动力。最终整个融媒体将与时代背景融为一体，力争实现高质量的融合发展，发挥传媒在社会结构中应有的作用，这就是融媒体在中国语境下的应有之义。通过与党和国家的发展相呼应，融媒体将继续在新的时代里不断前行，实现更大的价值。

---

① 习近平在中国人民大学考察时强调：坚持党的领导传承红色基因扎根中国大地 走出一条建设中国特色世界一流大学新路[EB/OL].(2022-04-25)[2023-11-08].https://www.gov.cn/xinwen/2022-04/25/content_5687105.htm? eqid=dc00c9a100abc6df0000000264735439.

② 栾轶玫.从市场竞合到纳入国家治理体系：中国媒介融合研究 20 年之语境变迁[J].编辑之友，2021(5):13-25.